山东省社会科学规划研究项目：商业银行市场竞争策略研究——进入时机的抉择（12CJRJ16）

山东省社会科学规划研究项目：商业银行市场竞争策略研究——进入时机的抉择（12CJRJ16）

论具体分析我国外资银行进入人民币零售市场及农村金融市场的时机问题；第八章则在部分进入的假设下扩展实物期权理论，并分析我国战略投资者进入与退出的时机问题。

"外资银行进入"问题涉及的范围很广，既有机构的进入，又有业务的进入，它们都有自身的特点；实物期权理论需要进一步完善的地方也还有很多。本书作者虽已很努力，但对这些研究也只是窥豹一斑。所以恳请各位专家和读者批评指正，多提宝贵意见。

本书在写作过程中得到了我的导师以及山东大学经济学院、山东师范大学经济学院各位老师的指导、支持，还得到了中国社会科学出版社领导以及编辑的关心与帮助，在此一并表示感谢。

丁淑娟

2013 年 10 月

序　言

外资银行已经成为我国银行业不可或缺的一部分，外资银行机构与其所能从事的业务，都有逐渐增加的趋势。目前对外资银行的研究也已经非常丰富。但是，有一个研究视角却不为大家所重视，那就是"外资银行进入时机"。对该问题的忽略往往是基于这一逻辑："时机"从属于"动机"，有了进入的"动机"，那么下面不就自然而然地要进入了吗？所以研究更多的是集中于"动机"，而忽略"时机"。但是"时机"不同于"动机"，有了"动机"，却未必当前一定要实现。打个比方，很多人都知道需要锻炼身体，有锻炼身体的动机，但是何时去锻炼，却不一定。对于外资银行而言，只有实实在在地进入了，才会对现实产生影响。而光有动机，在未付诸行动之前，对经济并没有实际作用。因而进入的时机也很重要。所以本书就选择"时机"这样一个视角来研究外资银行进入的一系列问题，期待能丰富有关外资银行进入的研究，为中资银行提供一个知己知彼的分析框架，为监管层调控外资银行进入提供一些可参考的工具。

本书对外资银行进入时机的研究方法是实物期权方法。实物期权的研究始于20世纪70年代，在发展的过程中形成了传统的实物期权理论及期权博弈理论。与传统的净现值法则相比，实物期权方法更好地考虑了投资的特点，例如，投资的不可逆性、投资的可延迟性以及投资收益未来的不确定性，从而在时机的决策方面更贴近现实。外资银行进入中国境内这样的投资机会，与普通的投资一样可以延迟、不可逆或部分不可逆、面临的投资环境不确定，但同时也具有自身的特点。在利用实物期权理论时，一方面要关注何种实物期权理论适用，另一方面需要发展实物期权理论以便更有针对性地分析外资银行进入我国的具体情况。

本书共分为八章，第一章到第三章介绍基础理论；第四章在全资进入的假设下对期权博弈理论扩展；第五章、第六章根据第四章扩展模型的结

图书在版编目(CIP)数据

实物期权视角下外资银行进入时机研究/丁淑娟著.—北京:中国社会
科学出版社,2014.10
ISBN 978 - 7 - 5161 - 4922 - 5

Ⅰ.①实…　Ⅱ.①丁…　Ⅲ.①外资银行—研究—中国
Ⅳ.①F832.3

中国版本图书馆 CIP 数据核字(2014)第 228893 号

出 版 人	赵剑英
选题策划	刘　艳
责任编辑	刘　艳
责任校对	陈　晨
责任印制	戴　宽

出　　版	中国社会科学出版社
社　　址	北京鼓楼西大街甲 158 号(邮编 100720)
网　　址	http://www.csspw.cn
	中文域名:中国社科网　　010 - 64070619
发 行 部	010 - 84083685
门 市 部	010 - 84029450
经　　销	新华书店及其他书店

印　　刷	北京君升印刷有限公司
装　　订	廊坊市广阳区广增装订厂
版　　次	2014 年 10 月第 1 版
印　　次	2014 年 10 月第 1 次印刷

开　　本	710×1000　1/16
印　　张	12.5
插　　页	2
字　　数	226 千字
定　　价	38.00 元

凡购买中国社会科学出版社图书,如有质量问题请与本社联系调换
电话:010 - 64009791

实物期权视角下
外资银行进入时机研究

SHIWU QIQUAN SHIJIAOXIA

丁淑娟 著

WAIZIYINHANG JINRU SHIJI YANJIU

中国社会科学出版社

目　录

图表目录

的影响因素，就可以对这些影响因素施加力量，加速或者减缓外资银行的进入。所以，研究"外资银行进入时机"具有重要的现实意义。

本选题除了具有一定的现实意义外，理论意义也很明显。首先，丰富了外资银行进入时机的研究。理论界对于外资银行进入的"who"、"why"、"where"、"how"等研究较多，但是对"when"问题研究的相对较少，本书可丰富此类研究。其次，丰富了实物期权（real options）理论。巴克利（Buckley）和卡森（Casson，1998），鲁格曼（Rugman）和李（Li，2005）呼吁理论界要用实物期权的方法，来分析不确定环境下的 FDI 问题。外资银行进入作为 FDI 的一个组成部分，本书响应号召，将实物期权方法引入到外资银行进入时机研究中，并以此分析中国的外资银行进入情况。本书在迪克西特（Dixit）和平迪克（Pindyck，1994）传统的期权博弈模型的基础上，引入了先动优势，并区分了领先者与追随者同质与异质的情况；本书还以一个新的视角看待外资银行进入模式问题，在实物期权的框架下，选择不同的进入模式，同样会影响到进入时机，从而扩展了实物期权理论。最后，本书丰富了产业组织理论。外资银行的进入时机是企业投资时机的一个特例。事实上，在本书的写作过程中，也是首先从企业的投资时机开始的。对企业进入时机的研究可丰富产业组织理论。企业选择进入时机是企业的一种行为，属于产业组织理论的企业行为范畴。进入的时机会受到将要进入的市场结构的影响，同时潜在进入者数量的多少、竞争情况也会影响到进入的时机。在不同时机进入市场，对企业的利润以至于社会的福利都会有所影响，进而可能再影响到市场的结构。而进入时机在企业行为的研究中是较少涉及的，本书也可以丰富此类研究。

第二节　相关概念界定

一　外资银行进入

外资银行的进入包括机构进入与业务进入。机构进入是指外资银行在东道国建立各类独资机构（包括代表处、分行、子行等）、合资机构，或者以参股的方式进入。外资银行的进入总是与具体的业务分不开的，所以外资银行的进入还可以细化为各类具体业务的进入。

本书从两个视角研究进入的行为，包括全资进入与部分进入。书中第八章考虑了部分进入，其他章节则主要是在全资进入的假设下研究。

表1—2 2008 年中东欧国家外资银行指标

	捷克	爱沙尼亚	匈牙利	拉脱维亚	立陶宛	波兰	斯洛伐克	斯洛文尼亚
外资银行数目（家）	28	15	25	16	5	60	16	11
外资银行数目占银行总数的比重（%）	75.7	88.2	64.1	94.1	29.4	85.7	61.5	45.8
外资银行资产占商业银行资产的比重（%）	88.5	98.2	84.0	65.7	92.1	76.5	99.2	31.1

数据来源：CEE Banking Sector Report, June 2009。

综上所述，外资银行对进入中国表现出了极大的兴趣，同时，我国也已经根据对 WTO 的承诺，如期开放了金融领域，但是我们也应知道，外资银行的进入如果控制不好，则可能给金融体系乃至整个经济体系带来沉重的打击，因此，有必要对外资银行进入中国进行全面的把握。但是目前的文献主要集中在外资银行进入的"who"、"why"、"how"、"where"等方面，对"when"即"时机"的问题研究非常少。而"时机"同样也是很重要的问题。虽然以往"why"、"how"、"where"的研究多少会涉及一点"when"的问题，但其研究是相当不充分的，往往是一种隐含的、模糊的、似是而非的表达，而且可能是错误的，因此有必要寻找一个合适的方法专门来研究"when"的问题。本书就打算进行这样一个尝试。

二 选题意义

对外资的全面开放，意味着更多的外资银行有机会进入，但是有了机会就一定马上进入吗？它会在何时选择进入？这就涉及"进入时机"的问题。外资银行会综合考虑各方面的因素，来决定是否以及何时进入中国。在一个充满不确定性的环境中，无论是对于外资银行、本土银行，还是对于一个准备接纳更多外资银行的中国管理层而言，掌握合理的"投资时机"机理都是非常重要的。对于外资银行而言，早进入可以早占领市场、早获得收益，但是如果盲目进入，当未来市场状况不好时，可能会面临很大的回收成本；如果晚进入，市场状况可能变得明朗，但是也极有可能被别的银行占了先机。所以，到底何时进入，需要一个合理的决策依据。掌握合理的进入时机对于本土银行也很重要，对外资银行何时进入有个大致的了解，就可以提前做出部署。对于监管层来讲，掌握外资银行进入时机从表1—1可以看出，无论是营业性机构数还是资产数量，都有较快的增长。不过，从占银行业金融机构总资产比来看，比重变化并不太大。尤其是在2006年金融业对外资全面开放，在2007年达到2.38%的较高值后，没有继续上升，反而开始下降，之后又有所上升，但是上升幅度不大。说明中资金融机构也在不断地发展中。尽管在市场份额中，外资银行所占比重并没有太大的增加，但是根据普华永道2011年《外资银行在中国》调查报告，外资银行还是普遍看好中国的市场，并愿意做长远的打算。在他们看来，即使未来中国的经济增长不如以前那么快，但是仍会快于本国市场；人民币的国际化也将会给它们带来很大的机遇；此外，根据华普永道《2050年的银行业》，中国到2023年将赶超美国成为世界上最大的银行业市场。总的来讲，中国的银行业市场还是相当有吸引力的。

东道国金融市场对外资开放往往是把双刃剑，在为本国带来积极效应的同时，如果控制不好，很可能带来极大的风险。德米基孔特（Dermirguckunt）和德特拉贾凯（Detragiache）利用1980年到1995年间53个国家的数据发现，金融自由化程度越高，越有可能爆发银行危机乃至金融危机。从2007年下半年开始的美国次贷危机，蔓延全球，迅速形成全球性的金融危机。其中大家关注的一个焦点是中东欧国家成为此次全球金融危机的重灾区之一。原因之一是这些国家对外资银行过度依赖。从表1—2可以看出，外资银行在这些国家的银行体系中占有举足轻重的地位，甚至在斯洛伐克和爱沙尼亚这两个国家中，银行资产几乎全被外资占据。对外资银行的过度依赖极易引发危机。首先，外资银行往往能凭借其显赫的品牌及良好的服务将国内优质客户抢走，而国内金融机构只能铤而走险，致使国内金融机构所从事业务风险上升，这不利于金融体系的稳定。其次，外资银行的经营目标与国内经济利益往往不一致。当市场状况不好时，外资银行考虑到自己的盈利情况，会减少业务数量、缩小业务范围，甚至撤资，这对于一个过度依赖外资银行的金融体系而言，会是沉重的打击。

第一章 导言

第一节 研究背景及选题意义

一 研究背景

金融全球化已经是不可逆转的潮流。作为金融全球化的一个重要组成部分，银行业国际化也是如火如荼地进行着，对世界经济产生了深远影响。

中国银行业的国际化也非常引人注目。随着 2006 年 12 月 11 日中国银行业对外资全面开放，越来越多的外资银行进入中国，其业务范围也逐渐扩展到几乎所有的金融领域，在中国金融业中占有越来越重要的地位。

截至 2012 年年末，在华外资银行资产总额 2.38 万亿元，同比增长 10.66%，占全国金融机构资产总额的 1.82%；各项贷款余额 1.04 万亿元，同比增长 6.23%，占全部金融机构各项贷款余额的 1.55%；各项存款余额 1.43 万亿元，占全部金融机构各项存款余额的 1.52%，同比增长 7.74%。历年来在华外资银行营业机构数与资产情况见表 1—1。

表 1—1　　在华外资银行营业机构数与资产情况（1998—2012）

年份	1998	1999	2000	2001	2002	2003	2004	2005
营业性机构数（家）	178	176	191	190	180	192	188	207
资产（万亿元）	0.342	0.318	0.344	0.450	0.392	0.488	0.582	0.716
占银行业金融机构总资产比（%）	3.2	2.8	1.71	2.3	2.89	1.50	1.84	1.91

年份	2006	2007	2008	2009	2010	2011	2012	
营业性机构数（家）	224	274	311	338	360	387	412	
资产（万亿元）	0.928	1.253	1.345	1.349	1.740	2.15	2.38	
占银行业金融机构总资产比（%）	2.11	2.38	2.16	1.71	1.85	1.93	1.82	

数据来源：根据各年《中国金融统计年鉴》、各年银监会年报整理。

二 实物期权

实物期权指的是未来收益存在不确定性，并能赋予持有者选择权利的实物投资机会。对这种投资机会的价值可以用金融上的期权定价方法对其定价。实物期权方法就是将期权的思想应用到实物投资时机决策中的方法。实物期权包括延迟期权、成长期权、改变经营规模的期权、放弃期权、暂停期权、回收残值期权、转换期权、序列投资期权、时间累积型期权、复合期权、学习型期权等。本书的研究主要涉及延迟期权和成长期权。

三 先动优势

先动优势（first – mover advantage）是指在博弈中第一个采取行动的局中人所拥有的优势。主要包括两部分：使后入者延迟进入从而为先入者所带来的垄断利润，本书将该部分优势称为第一类先动优势（有国内文献将其称为垄断优势）；即使后入者已经进入，也能使先入者获得一定的租金（rent）或者说好处，将此部分优势称为第二类先动优势（有国内文献将其称为竞争优势）。如果不做特殊说明，本书中"先动优势"指的是"第二类先动优势"，或者说"竞争优势"。

第三节 研究对象及研究方法

本书的研究对象为外资银行进入时机问题。外资银行是企业，同时是特殊的企业。本书首先研究的是实物期权视角下企业投资决策的时机问题，进而将得出的结论运用到外资银行的投资时机的决策当中去。

本书主要采用理论分析和实证检验两种研究方法。理论分析主要对"经典期权博弈模型"进行扩展，并构造"进入模式对进入时机影响实物期权模型"，根据模型的结论分析哪些因素影响进入时机，以及具体是怎样影响的。实证检验分析主要体现在，利用逐步回归法检验我国外资银行进入的动机；利用生存模型检验我国外资银行进入时机的影响因素是否与模型所得出的结论相符合；利用最小二乘法实证检验我国银行业是否存在先动优势。并将模型得出的结论具体运用到我国外资银行进入时机的实际分析中。

第四节　研究思路及结构安排

本书研究的是实物期权视角下外资银行进入时机的问题，为了实现这一目标，研究的思路如下：

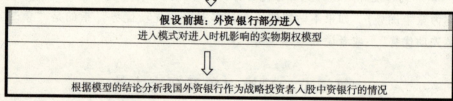

本书分为九章对此进行了阐述。具体安排如下：

第一章　导论。主要包括：本书选题的背景及意义，研究对象及方法，研究思路及结构安排。

第二章　文献综述。本章涉及外资银行进入的相关理论、实物期权理论、先动优势理论。

第三章　传统实物期权理论基础。简单介绍实物期权的概念、种类，传统实物期权的定价方法及投资时机的影响因素。

第四章　期权博弈扩展模型。首先对迪克西特和平迪克（1994）模型的结论进一步延伸；然后引入先动优势，并在领先者与追随者同质与异质的假设下重新构建模型。

第五章 实物期权理论应用于外资银行进入时机研究的可行性与特殊性。外资银行的进入时机可以利用实物期权理论分析，但同时外资银行的进入时机又具有一定的特殊性。

第六章 传统实物期权视角下我国外资银行进入时机的实证分析。首先对我国外资银行进入动机进行总体上的判断，并通过逐步回归法进行实证检验，结论是：总的来看，外资银行进入动机的特征为"客户追随"。据此推断，传统的实物期权理论从总体上适合我国外资银行进入时机研究。通过生存模型验证，我国外资银行进入时机符合传统实物期权理论的结论，并且体现出自身的特点。

第七章 期权博弈视角下我国外资银行进入时机的实证分析及对监管政策的意义。虽然总体上来看，我国外资银行进入动机的特征是"客户追随"，但是却逐渐显现出"市场利用"的特征。"市场利用"特征表明，在分析某些外资银行进入时机时，期权博弈理论更为适用。期权博弈理论必然涉及先动优势，所以本部分先对中国银行业的先动优势进行实证检验。根据先动优势、不确定性、当期现金流等影响因素分析了人民币零售市场、农村金融市场上中资银行与外资银行的期权博弈，并提出相关建议。

第八章 外资银行进入模式的实物期权模型及基于我国的实证分析。构建"进入模式对进入时机影响的期权博弈模型"，并据此分析我国外资银行入股中资银行的现实问题。

第九章 结论与建议。对全文进行总结并提出相关建议。

第二章　文献综述

　　本书的研究对象为外资银行"进入时机",所以在此对外资银行"进入动机"的文献做详细的综述。但是外资银行的"进入动机"、"进入模式"都会对"进入时机"产生一定的影响,同时"进入动机"、"进入模式"不是本书研究的重点,因此对这两类理论只做简单述评。本书的研究方法为"实物期权"方法,因此本书对实物期权的发展脉络进行梳理。实物期权理论中的"期权博弈理论"引入竞争者对进入时机的影响,这不可避免地涉及"先动优势"的问题,因此,本书也对"先动优势"的相关理论做简单述评。

第一节　外资银行进入时机理论述评

　　1977年,格鲁伯(Grubel)提出一个问题:某些银行敢于跨国经营并与更为熟悉东道国环境的当地银行成功竞争的优势来源是什么?之后,关于外资银行跨国经营的动机、模式、地域选择的文献大量出现。一方面进行了理论分析,另一方面也进行了实证分析,但是实证分析大都是从宏观角度,极少数是从单个银行本身进行分析。

　　但是,对于外资银行"进入时机"的文献却相当少。正如丰特尔萨斯(Fuentelsaz)、科美斯(Gomez)和波罗(Polo,2002)所言:外资银行"进入时机"的文献很少。在已有的文献中,外资银行"进入时机"主要从两个角度来研究:一是"进入时机"对银行、银行业乃至参与国相关业绩的影响;二是银行为什么选择在某个时机进入。在外资银行进入时机相当少的文献当中,从第二个角度来分析的更是少之又少,当然也不是绝对没有,以下的几篇文献就是从第二个角度来分析的。

　　优萨基(Ursacki)和维京斯基(Vertinsky,1992)以邓宁(Dunning)

的国际生产折中理论（OIL）为依据，通过生存模型分析日本和韩国从
1966 年到 1986 年间外资银行的进入时机。文章中代表所有权优势、内部
化优势及区位优势的指标分别为：银行的资产、拥有分支机构的国家的数
量、资本充足率、母国金融业从业人员比重、技能相关指标、母国离东道
国的距离、租金、母国与东道国之间的贸易额、开放政策、贷款与总资产
的比率、存款与总资产的比重、贷款与存款的比重。根据实证分析，该文
章认为那些具有最强优势的银行将会首先进行对外直接投资。原因在于，
与那些竞争优势差一些的银行相比，这类银行可以从国际化行为中获得更
高的收益。

　　但是当考虑到所面临的环境具有较大的不确定的时候，这个结论可能
就过于简单了。里奥利（Rivoli）和萨洛里奥（Salorio，1996）从实物期权
理论出发，认为邓宁的国际生产折中理论中的所有权优势、内部化优势、
区位优势（OIL advantages）是企业进行国际直接投资的必要条件，但是
这些优势可能使得这项投资变得更可延迟或者更不可逆，从而在某一时点
上更不可能发生。例如，独特的所有权优势可能增加了投资的可延迟程
度，内部化优势可能增加投资的不可逆程度，从而延缓投资。

　　约塞普·加西亚·布兰登（Josep Garcia Blandon，2001）根据里奥利
和萨洛里奥（1996）的结论，从实物期权角度认为外资银行在经营中存在
较大的外生性、不确定性，也存在着一定的不可逆性，但是在银行业的投
资却是不可延迟的，原因有二：银行业的所有权优势是很容易被复制的，
同时银行业中的先动优势又是非常明显的，基于这两点，布兰登认为银行
业的投资不可延迟，立即投资时可不用考虑机会成本，即传统的净现值法
则适用，基于此，若项目的净现值（NPV）大于 0，则没有理由延迟投资。
因此，那些具有较强优势的银行，由于可能获得较高的收入，从而可能最
先进行对外投资，而邓宁国际生产折中理论的优势因素由于对净现值起正
作用，从而会促进投资。事实上该作者从对邓宁国际生产折中理论的挑战
又回到对邓宁理论的肯定。该作者采用生存模型（survival analysis），利用
西班牙外资银行 1978 年之后进入的数据，分析了影响银行进入时间的各
种因素，这些因素包括资产规模、资本充足率、在该东道国分支机构数
量、在多少个国家有分支机构、存贷利率差幅、文化相近程度等。

　　国内的张红军（2008）在其博士毕业论文中对外资银行进入时机问题
也有所涉及。其行文如下：首先对实物期权（根据本书作者的理解，是传

统的实物期权）定价做简单介绍，然后对外资银行进入我国的时间进行描述性表述，继而采用生存模型对我国外资银行进入时机进行实证检验。但是对实证模型所选择的因素，作者并没有解释其实物期权的理论基础，在本书作者看来，倒似乎是在邓宁的国际生产折中理论框架之下（有待商榷，也许是本书作者没有深刻理解该论文）。选择的解释变量指标为：银行资产规模、资本规模、外资银行在中国的分行数目、是否是亚洲国家的虚拟变量、母国对中国的 FDI、母国与中国的双边贸易额。

里奥利和萨洛里奥（1996）、约塞普·加西亚·布兰登（2001）、张红军（2008）都是从实物期权的角度来解释"进入时机"问题：里奥利和萨洛里奥（1996）提出理论框架，约塞普·加西亚·布兰登（2001）、张红军（2008）进行实证分析。但是里奥利和萨洛里奥（1996）、约塞普·加西亚·布兰登（2001）在使用实物期权理论时，并没有区分其理论基础是传统的实物期权理论还是期权博弈理论。约塞普·加西亚·布兰登（2001）的观点本书并不同意，他认为银行业的所有权是有一定的可复制性，但是本书认为在"客户追随"动机下，外资银行所掌握的客户信息以及客户在母国与其长期交往所形成的熟悉与忠诚度在短期内难以复制，因此外资银行对其客户具有一定的垄断性，所以传统的实物期权理论适用；银行业先动优势确实存在，但是如果外资银行进入动机是"客户追随"，则这种具有一定垄断性的投资机会可以不需要考虑先动优势的影响。因此，本书认为，在"客户追随"动机下的投资机会具有一定的可延迟性，需要在传统的实物期权理论框架下分析，而传统的净现值法则并不适用。在实证研究中，约塞普·加西亚·布兰登（2001）、张红军（2008）都没有考虑"不确定性"对"投资时机"的影响，而不确定性是实物期权理论当中最重要的影响因素之一；另外，这些实证文献对"资产规模"等影响因素，选择的都是外资银行进入当年的绝对指标［优萨基和维京斯基（1992）也是这样］，但是，本书认为大部分银行的"资产规模"都会随着时间增长，那么一个早期进入的银行，和一个较晚进入的银行，他们进入时"资产规模的绝对数量"不具有可比性，舍弃"绝对指标"，选择诸如"排名"这样的"相对指标"更为合理。

根据以上文献所存在的不足，本书将在一个更为扎实的理论基础上，采用更为合理的解释变量来分析我国外资银行进入时机的问题。具体而言，根据外资银行"进入动机"为"客户追随"还是"当地市场利用"，确定何种实物期权理论适用。在"客户追随"动机下，传统的实物期权理论适用，本书将选择不确定性、资产规模排名等更为合理的影响因素，采用生存模型方法分析我国外资银行的进入时机问题。在"当地市场利用"动机下，期权博弈理论适用，本书将根据期权博弈理论的结论分析中国外资银行进入时机问题。

第二节 进入动机、进入模式理论简评

一 进入动机理论简评

外资银行进入动机理论是"外资银行进入"相关研究的热点问题。这些理论从不同角度分析了外资银行进入东道国市场的原因：（1）客户追随论。认为银行业对外直接投资是由国际直接投资引起的。艾利伯（Aliber，1984）认为，银行跨国经营的原因在于继续为本国国内企业的国际化投资提供服务。因此，国际直接投资的发展带来了银行业的跨国经营。金德尔伯格（Kindleberger，1983）和莱维内（Levine，1996）进一步提出，银行业的跨国经营为国际直接投资带来了便利，从而促进了国际直接投资，因此国际直接投资和银行业跨国经营是相互促进的。（2）市场利用理论。相当多的研究都发现外资银行是受东道国有利可图的市场机会吸引才进入的。卡莱森（Calessens，2000）利用80个国家1988—1995年的数据作为样本，发现外资银行进入是受到低税收和高资本回报的吸引；八森（Yamori，1998）发现，人均GDP是影响日本外资银行选择东道国的一个决定性因素；柏莱利（Brealey）和卡帕廉尼斯（Kaplanis，1996）和布克（Buch，2000）的研究都表明，外资银行进入数量与东道国的GDP之间存在着正相关关系。（3）内部化理论。内部化理论是在20世纪70年代中期由英国的巴克利、卡森及鲁格曼提出的。其基本思想是运用交易成本来分析企业的跨国经营原因。这一理论也被较多地运用于解释外资银行的进入原因。内部化理论认为市场是不完全的。市场的不完全主要体现在中间产品市场上。中间产品市场的不完全，导致中间产品通过外部市场交易难以实现，或者即使实现，成本也很高。因此，企业就有动力建立一个内部市场。内部市场也会产生成本，但是其成本小于外部市场的成本。当内部化超越国界，就形成了企业的对外直接投资。与一般商品的国际市场相比，国际金融市场的不完全性更为明显，因此在研究银行业跨国经营时，这一

理论框架常被用于分析银行业跨国经营的内在动因。（4）东道国金融自由化条件下的 OIL 理论。该理论认为传统的 OIL 理论在解释外资银行海外经营的力度上不够，尤其是时机上的解释力度不够。并且在现实上出现了一些新的、特殊的情况。拉丁美洲、中东欧、亚洲一些国家实施金融自由化后，跨国银行在这些区域的经营机构出现了大幅度的增加。有鉴于此，雅克·优波平（Janek Uiboupin，2005）提出了东道国金融自由化政策下的 OIL 理论来对此进行解释。这些国家采取了金融自由化政策这样一个时机后，导致了大量外资的涌入，从而强烈地体现了区位优势。另外还有些文献指出，东道国发生金融危机后，外资银行进入很多，即东道国发生金融危机是外资进入的良好时机。原因在于外资银行可以提供流动性更大、更能控制风险的一些管理技术。

外资银行进入动机理论并没有走出国际生产折中理论（OIL）的框架。（1）客户追随理论可以放在内部化理论的框架下。跨国银行拥有跨国公司的一些相关信息，同时跨国公司对该银行更为熟悉，比如在国内经营的时候就主要与该银行联系，如果换个银行的话，跨国公司面临的转换成本可能挺高，由于信息不对称的原因，找一家合适的银行也要花费一定的成本，即搜寻成本也挺高，于是这些跨国公司也愿意在东道国与这个银行进行相关的资金转账、外汇兑换等各类业务。这些都是该银行的无形资产，而这些无形资产在一个不完全的外部市场上是难以进行交易的，因此该银行无法将其转让出去，从而不得不选择内部化，即该银行也随着跨国公司在跨国公司的东道国建立分支机构。（2）市场利用型可归于区位优势。东道国的市场机会越好，则越吸引外资银行的进入。东道国金融自由化下的 OIL 理论也可以归于区位优势。因此，关于外资银行进入动机的主要理论还是没有突破国际投资 OIL 的框架。

目前，对外资银行进入动机提到比较多的是"客户追随"理论以及"市场利用"理论，这两个理论事实上是更为具体地指出了外资银行进入的原因。本书将根据外资银行的这两种动机来确定何种实物期权理论适用。另外，在利用"进入动机"进行分析时，经常也会或多或少涉及"进入时机"的分析，但是建立在这样一个隐晦的理论逻辑上：体现这些动机的各类优势越明显，则外资银行越可能提前进入。但是，经过本书第四章第三节、第五章第五节部分的详细分析，这样的逻辑是不成立的。

二　进入模式理论简评

进入模式理论研究企业采取哪种投资方式进入外国市场更为有利。进入方式可根据是否出现新的企业从而分为新建企业和参股两种形式，也可以根据是否全资进入分为全资进入和部分进入两种形式。到目前为止，有多种理论可以解释外资银行进入方式，其中最主要的是交易成本和内部化理论，还有产业组织理论、组织学习理论、信息经济学理论、企业成长理论和机构理论等。（1）交易成本和内部化理论。主要是邓宁的国际生产折中理论以及巴克利和卡森的内部化理论。代表作是 1967 年发表的《经济活动的区位与多国企业：折中理论的探索》和 1981 年出版的《国际生产与跨国公司》。具体地说，通过各种进入方式交易成本的比较，确定合适的进入方式。（2）产业组织理论。当东道国市场饱和时，如果新建企业，会使得市场竞争更为剧烈，而如果参股的话，则不会增加竞争，所以，可以考虑参股。当东道国市场不饱和时，新建企业，不会增加竞争，此时，跨国公司可能更倾向于新建企业。（3）组织学习理论。有着丰富跨国经营经验的企业，从东道国企业学到新知识、新技术的机会会比较少，从而不愿意入股。而那些跨国经营的经验不足的企业，可能更倾向于入股东道国企业。（4）信息经济学理论。戈尔茨坦那（Goldsteina）和阿萨夫·拉辛（Assaf Razinb，2006）指出，由于存在信息不对称，相对于间接投资，直接投资更为便于进行市场交易。越是有国际经验的跨国企业，越清楚资产转让的价格，从而更可能进行间接交易。（5）企业成长理论。该理论认为一个企业的管理人员是很难在短期内培养出来的，如果想迅速占领东道国市场，比较好的做法就是入股当地企业。（6）机构理论。企业到国外进行投资，必须服从投资地相关的法律和道德规范，从而实现外部的一致性。如果以独资的形式进入，则利于实现内部的一致性，但是如果参股当地企业的话，则容易实现外部的一致性。

以上进入模式的六种理论通过比较各种进入方式的成本和收益从而确定哪种方式更佳，这些理论基本上可视作选择不同模式的"动机"理论。在选择全资进入还是部分进入时，通常建立在这样的逻辑假设之下：若部分进入的收益与成本之差大于零且大于全资进入，则选择部分进入。在本书进入模式对进入时机的影响中，这些理论所提及的影响因素也被纳入本书实物期权模型中，对进入时机产生一定的影响，但是本书的理论逻辑建立在实物期权框架下，在未来存在不确定性、投资不可逆且可延迟的假设下，即使部分进入的收益与成本之差大于零且大于全资进入的，也未必就要以部分进入的方式立即进入，也许等等看看再确定是否进入的利益可能会更大些。同样的，即使全资进入的收益与成本之差大于零且大于部分进入，也未必就要立即全资进入，可能"等待"是更好的选择。在实物期权理论框架下，选择合适的进入模式的决策会更贴近现实。

第三节　实物期权理论述评

在未来存在不确定性的情况下，企业在决定是否进行投资的时候，传统的做法是采用净现值法则（NPV 法则）。净现值法则在投资决策中有很多不尽人意之处，除非项目的 NPV 值远远大于零，否则企业不会轻易进行项目投资；另外，尽管有时经营面临亏损，NPV 为负值，但企业仍然坚持继续该项目。这些现实情况与标准理论不符，引起了一些实际工作者、投资专家以及一些理论工作者对标准理论的不满。在实物期权理论产生之前，投资决策者们已经认识到净现值法则的缺陷。而实物期权理论产生后，虽然有的决策者并不了解实物期权，但也并不是严格按照净现值法则进行决策。迪安（Dean，1951）、海因斯（Hayes）和艾伯纳西（Abemathy，1980）等指出，标准的净现值法则常常会低估投资机会的价值，从而可能导致投资不足。20 世纪 60 年代，学者们用决策树的方法完善净现值法则，但这也只能部分地反映投资决策的弹性的特点。麦克唐纳（McDonald，2000）指出，投资决策者们凭借一些个人经验，提高企业的基准收益率（hurdle rate）或者其他一些利润指标来决定是否进行投资。这些做法虽然没有意识到实物期权，但是却与实物期权的决策方法相类似。

斯图尔特·梅耶斯（Stewart Mayers，1977）最先提出了实物期权（real options）的概念。斯图尔特（Stewart）认为实物期权（Real options）的价值是将来各种投资机会（成长机会）的现值，或者说是将来在条件有利时购买实物资产（real assets）的机会的现值，这些成长机会可以看成实物资产的看涨期权（call options on real assets）。这里购买实物资产就相当于进行了实物投资。后来又经过凯斯特（Kester）、特里杰奥吉斯（Trigeorgis）、柏莱利（Brealey）等人的完善发展，尤其是迪克西特和平迪克出版了《不确定投资学（Investment under Uncertainty）》之后，实物期权在理论界有了极大的发展。但是早期的理论没有考虑到竞争者的存在，期权博弈理论将实物期权理论与博弈论结合起来，研究不确定的环境中理性的参与人之间的策略性投资问题，以解决等待以获得期权价值与抢先投资以获得先动优势之间的冲突。斯麦茨（Smets）在 1991 年最早将博弈论引入实物期权分析框架中，研究了相互竞争的企业在不确定条件下的外国直接投资问题。之后，期权博弈成为实物期权理论的研究热点。

一 传统的实物期权研究述评

传统的实物期权理论大致上可以从以下三个方面来看：实物期权的识别、实物期权的定价方法以及实物期权的应用领域。当然这三个方面常常是联系在一起的，并且有一定的交叉。

（一）实物期权的识别

实物期权本质上可以看成是企业所拥有的投资机会，这一投资机会赋予企业一定的选择权，即选择合适的时机进行投资，是权利不是义务。这与金融上的期权类似，于是就有了实物期权这一概念。鲁尔曼（Luehr-man, 1998）将实物期权与金融看涨期权做了一下对比，从而更加清晰地表达了实物期权与金融期权之间的相似之处。

投资机会是多种多样的，甚至退出市场都可以视为一种投资机会。根据投资机会的不同，可以将实物期权进行分类。特里杰奥吉斯（1996）在他所编著的书中，列出了以下几种常见的实物期权类型：延迟（defer）期权、时间累积（time - to - build）期权、改变经营规模的期权（the option to alter operating scale）、放弃期权（the option to abandon）、转换期权（the option to switch）、成长期权（growth option）。迪克西特和平迪克（1994）则将期权分为延迟期权、退出（exit）期权、暂停（lay - up）期权、回收残值（scraping）期权，扩大规模（incremental）期权。马莎·阿姆拉姆（Martha Amram）和纳林·库拉蒂拉卡（Nalin Kulatilaka, 1999）把实物期权分成五类：延迟投资期权、增长期权、柔性期权（flexible option）、退出型期权、学习型期权（learning option）。

（二）实物期权的定价方法

实物期权的定价可以从两个角度来看：一是根据变量的连续性分为连续模型和离散模型。在采用连续模型的方法方面，麦克唐纳和席格（Sie-gel, 1986）给出了延迟期权的连续定价方法；卡尔（Carr, 1988）分析了分阶段投资期权的连续定价问题。在采用离散模型方面，多是采用二叉树的形式来对实物期权定价。西蒙（Simon，2002）等用二叉树模型来对研发项目定价。

二是从求解方法的角度，可分为以下三类：（1）未定权益法（contingent claims）。将实物期权视为未定权益资产，用该实物期权与其他波动性一致的资产来构造一个无风险组合，计算实物期权的价值。（2）动态规划法（dynamic programming）。该方法将一系列决策分为两部分：初始决策以及后续的所有决策。先决定后续所有决策利益最大化的方案，再据此做出初始决策的最佳方案。那么从最后一个决策开始，按照此规则依次前推，最终所得到的一系列决策都是最佳的。关于未定权益法和动态规划法在迪克西特和平迪克（1994）里面有大量的应用。（3）仿真法（simulations）：仿真法首先假设资产的价值符合某一程序（process），再依据所设定的变动程序，大量仿真未来各种可能发生的情境。波义耳（Boyle，1977）使用的蒙特卡罗仿真法（Monte Carlo simulation method）就属于其中之一，每条路径的终点将决定最优投资策略并可计算损益，而实物期权当前价值将由平均损益折现产生。安德列（Andrea，2002）用蒙特卡罗方法对多重实物期权进行定价。

（三）实物期权的应用领域

实物期权的应用领域相当广泛，主要涉及自然资源开发领域、研发活动、风险投资、外商直接投资等领域。

（1）自然资源开发。土尔黑（Tourhinho，1979）是这一领域的先行者，他第一次指出自然资源可以作为期权来理解和评价。相关的研究者还包括布伦南（Brennan）和施瓦茨（Schwartz，1985），伊肯（Ekern，1985），帕多克（Paddock）、席格（Siegel）和史密斯（Smith，1988），斯腾斯兰德（Stensland）和乔塞姆（Tjostheim，1989，1991），加可比（Jacoby）和劳格顿（Laughton，1992），罗伊特（Reuter，2012）等。国内学者沈洪（1999）等人认为煤炭开采权利是一种看涨实物期权，张能福（2002）研究了矿山工程投资的实物期权模型。朱磊等（2009）通过建立矿产资源最优投资的策略模型，讨论了在矿产品价格以及汇率存在不确定性的情况下，如何对海外矿产资源价值进行评估的问题，并以国内某海外矿产资源项目为例，验证了模型的有效性。李松青（2009）认为，基于实物期权理论的矿业权价值评估方法比矿业权价值评估的折现现金流法

（DCF）更有效。王涛等（2012）利用实物期权模型对陕北某矿区煤炭资源勘查投资项目进行价值评估。

（2）研发活动领域（reserch and development）。这方面的应用文献是非常多的。阿尔瓦雷斯（Alvarez）和斯德贝卡（Stenbacka，2001）研究了如何利用实物期权的方法，在多阶段技术创新项目中找到投资的临界值。市场不确定性增加，将会带来成长期权价值的增加。科尔特（Kort，1998）认为未来的不确定性程度越大，研发活动的投资就越有价值。尤其是在投资的初期，不确定性越大，则企业越可能立即继续研发活动。拉法埃莱·奥里阿尼（Raffaele Oriani，2008）认为市场不确定性与技术不确定性对研发活动的投资决策具有明显不同的作用。杰明（Zee）和斯宾勒（Spinler，2013）利用下跌即停障碍期权构造了公共部门研发项目的估价模型。

国内学者桂志强和王安宇（2006）对研发投资的实物期权方法进行了综述。何德忠和孟卫东（2008）通过实物期权模型研究了不确定条件下R&D投资规模和灵活性之间的关系，当分次投资的成本与一次性投资的成本比值小于临界值时，分次投资更优，反之就应当选择一次性投资。并就不确定性对临界值的影响进行了分析，不确定性越大，临界值越小，企业会越倾向于选择一次性完成投资。

（3）风险投资领域。特里杰奥吉斯（1993）认为在高新技术风险投资中，风险投资者可获延迟投资期权、成长期权以及放弃期权等实物期权。马尼佳特（Manigart）和怀特（Wright，1997）认为利用实物期权的方法可以更好地评价风险投资的价值。许耀文（Yao – Wen Hsu，2010）利用未定权益法在委托人—代理人的框架下分析了风险投资企业的阶段性投资决定。风险投资被看作是面临着多种不确定性的各类实物期权，而企业家的动机被刻画为使得将来被资助的机会尽可能的大。结论是，阶段性的风险投资不仅给风险投资者带来等待期权，而且会使得代理人不那么乐于从事太保守的行为。而且，在未来的收益较低的情况下，风险投资者更愿意分阶段来完成。在我国，张宗成等（2002）认为创业投资是多阶段的实物期权，并建立了多阶段复合式期权模型。徐尚友等（2002）、张子刚（2002）也在这方面作出了贡献。李珏等（2008）研究不对称信息条件下的风险投资实物期权评价问题，结合实物期权理论与委托代理理论构建了理论模型，求出了最优合约安排，并就逆向选择问题对风险投资期权评价的影响进行分析。吴琦（2013）利用二叉树和三叉树定价模型来分析风险投资各个阶段决策的期权价值。

（4）外商直接投资领域。科古特（Kogut，1991）指出，跨国公司相对于国内企业拥有营运弹性（operation flexibility）的优势。科古特和库拉蒂拉卡（1994）指出海外投资可以为企业带来两种期权，即在国内的成长期权以及跨国的营运弹性产生的成长期权。张（Chang，1995）将国际化视为下一步投资带来学习的经验。贝尔（Bell，1995）指出在汇率波动的情况下，跨国企业可以采用实物期权理论进行决策。里奥利和萨洛里奥（1996）利用实物期权理论得出所有权优势、内部化优势越明显，则越倾向于推迟对外直接投资。布兰登（2001）分析了每年进入西班牙外资银行数量的影响因素，从而对里奥利和萨洛里奥（1996）的结论做出实证检验。卡罗（Carlo，1998）利用中东欧国家的数据，检验实物期权因素对外商直接投资数量的影响。卡马尔·萨琪（Kamal Saggi，1998）利用两阶段模型分析在需求不确定的环境中，企业在出口以及 FDI 中的选择问题。出口会带来一个成长期权，如果市场状况好的话，就可以放弃，改出口为 FDI。菲什（Fisch，2008）认为内部化理论以及国际化理论列出了影响外资企业进入的一般性因素，但是，却没有准确地说明其投资时机问题。文章认为 FDI 决策具有弹性而且面临着不确定性的影响，而等待期权和成长期权最能反映上述两个问题。文章利用 5379 个德国企业对 22 个国家的 FDI 情况进行实证分析，发现不确定性对进入的可能性呈现一个 U 形的影响，并对投资的数量起到负面影响。吴崇（2007）考虑期权的时间效应和管理的努力因素、战略博弈和产业竞争、FDI 的多阶段和规模可扩张性以及 FDI 战略的相对优势时，不确定性会给跨国公司的 FDI 带来灵活处置的权利和价值创造的机会，促成 FDI 尽早实现。曹永峰（2008）认为对外直接投资的行为决策和模式选择都依赖于未来的不确定性。丁淑娟（2011）利用实物期权的影响因素解释了中国外商直接投资历年来的演变。曲国明（2012）利用实物期权方法对我国企业海外撤资进行了分析。

实物期权理论还应用到其他方面，如税收体系对自己当老板动机的影响［托马斯（Tomas，1999）］、实物期权在婚姻和自杀等社会生活中的应用［迪克西特和平迪克（1994）］。布兰（Bulan，2001）利用美国制造业的数据研究了企业在资本预算决策中的实物期权行为，卡西蒙（Cassimon）等（2011）研究了电信业多阶段项目投资行为。国内耿锁奎

（2010）利用实物期权方法分析了运动人员人力资本投资的问题。除此之外，实物期权还应用于价值评估、房地产投资中等。

（四）简评

在未来存在不确定性，投资不可逆，并可以延迟的条件下，相对于净现值法则，实物期权理论是一种更好的"何时做出决策"的理论依据。作为一个决策依据，它的应用范围非常广泛，同样也可以应用于"外资银行进入时机"的决策中。本书就是打算这样做的。本书传统的实物期权理论基础选择的是迪克西特和平迪克（1994）[①]连续时间条件下、动态规划与未定权益法相结合、针对延迟期权的期权价值及投资时机的决策模型，该模型是传统实物期权理论扩展及应用的基础。

实物期权的原理容易理解，但是要计算出合适的时机很难。一方面，公式推导很复杂；另一方面，在实际决策中需要考虑的一些影响因素难以量化，例如，未来不确定性、可逆程度、可延迟程度都难以估量，这样通过实物期权方法，就很难给出一个具有可操作性的投资时机。而大量的现实投资决策并不是数学家、经济学家做出的，而是普通的企业主、个人等做出的，他们难以掌握如此复杂的工具，因此在具体应用上存在一定的局限性。但是，无论如何，其基本原理仍然具有指导意义，可以从大方向上指导投资决策行为。

二　期权博弈研究述评

在未来存在极大不确定性的环境下，实物期权是较好的投资决策方法。但是传统的实物期权方法没有考虑到竞争的影响。然而竞争对于投资时机的选择也是非常重要的。在某些情况下，根据传统的实物期权法则，等待期权可以使得企业在净现值远远大于零的情况下才会投资，但是如果考虑到竞争，企业等待的价值就会大大降低，企业决定进行投资的临界值NPV就会非常接近于零。在一个竞争性的市场当中，可清楚地看到竞争者之间的博弈。在投资决策中，投资者会将对手基于自己行为的反应作为自己决策的依据，并且决策者们也知道对手会这么做。而博弈论正是解决战略性决策的主流方法。

---

① Dixit, Pindyck, *Investment under Uncertainty*, New Jersey: Princeton University Press, 1994, pp. 175 – 211.

那么在一个充满不确定性，同时又存在竞争者的投资环境中，将实物期权与博弈论结合起来，就成了自然而然的做法了。

根据特里杰奥吉斯（2010），期权博弈理论可以分为以下三大类：第一类，是否进入模型；第二类，生产能力扩张模型；第三类，阶段投资模型。国内对期权博弈的研究始于 21 世纪初。安瑛晖（2001）对国外期权博弈模型进行梳理，并总结出期权博弈分析的一般框架。

由于本书主要分析的是外资银行进入时机的问题，所以本书的文献集中在第一类——是否进入模型方面。

（一）离散时间模型

斯密特（Smit）和安库姆（Ankum，1993）之后，就有不少的文献利用离散模型来分析期权博弈问题。这种模型与现实差距远，但是简单易懂，通过列数据、举例子的办法，可以使读者明白期权理论的重要思想。

（1）完全信息模型

斯密特和安库姆（1993）研究的是这样的情况。两个企业都有进入某个市场的机会，进入成本相同。作者用二叉树模型来描述市场的发展境况以及两个企业的决策。先入者将获得较高的市场份额；同时进入，则市场份额相同。作者假设两个企业都是知道以上的信息的。根据不同的市场情况，两个企业可以做出不同的决策：是同时进入，还是顺序进入。

（2）不完全信息模型

完全信息的模型假定寡头垄断者对对方的信息是完全知道的。在某些情况下，这与现实不符。朱（Zhu）和韦安德（Weyant，2003a，b）放松了"完全信息"这一假设，假定其中一家企业具有完全信息，而另一家企业完全不知道对方的成本情况，但是知道对方成本的概率分布。该文献研究了在这样的假设情况下两个企业的博弈情况。

（二）连续时间模型

离散时间模型操作起来相对简单，但是在某些情况下，不如连续模型更能清楚地描述经济变量的互相影响情况。连续模型也分为完全信息模型与不完全信息模型。

（1）完全信息模型

本部分先按照时间顺序、国外国内顺序叙述，然后在"评论"中阐述本书"期权博弈模型扩展"的理论渊源。

迪克西特和平迪克（1994）在斯麦茨（1991）的基础上提出了一个连

续时间、对称的寡头垄断模型。该模型假设市场的价格受到随机变量 Y 的影响。在决策时刻，当 Y 小于某一临界值 Y_1 时，两个企业都不投资；当 $Y_1 \leqslant Y < Y_2$ 时，一家企业投资，另外一家企业不投资。当 $Y \geqslant Y_2$ 时，两家企业同时投资。伟兹（Weeds，2002）分析了寡头垄断者的研发活动的竞赛，并且分析了竞争压力给企业研发活动带来的影响。梅森（Mason）和伟兹（2009）考虑了领先进入市场时正的及负的外部效应。正的外部效应指的是，后人者的进入将给先人者带来额外的好处，负的外部效应指的是后人者的进入使先人者受到损失。不同的外部性特征将会影响投资决策。布伊斯（Bouis）等（2009）对迪克西特和平迪克（1994）模型进行了扩展。在该模型中，考虑了大量的企业都有进入某一市场的机会，并且机会是均等的，不存在成本不相同等情况。重点分析了三个企业的情况，并对多于三个企业的情况进行了数字分析。三个企业存在时，当第三个企业进入的时候，企业的市场利润将被降低，第二个进入的企业将有动力提前进入，原因如下：由于将来三个企业都进入会使得它的利润相对降低，那么它希望提前进入，这样可以使得它获得双寡头垄断的利润的时间延长，即 Y_2 下降。但是，第一个进入者会由于第二个进入者的提前进入而导致获得垄断利润的时间变短，从而需要等着市场状况变得更好些再进入，即 Y_1 提高从而较晚进入。因此，在三个竞争者存在的情况下，先人者的进入时机要晚于双寡头情况下先人者的进入时机，当然，还是早于垄断者进入的时机。因此，该模型得出的结论是，竞争的加剧并没有导致先人者的更早进入。泰森（Thijssen）、休斯曼（Huisman）和科尔特（2012）将芬德博格（Fndernberg）和泰勒尔（Tirole，1985）的静态模型扩展到随机环境中。以往的文献往往认为如果只有一家企业先进入最好时，则两家同时进入的几率是零。而泰森、休斯曼和科尔特（2012）认为这一概论可以为正。斯特格（Steg，2012）研究了开环（open - loop）战略并考虑了带"跳"的冲击过程。

雷星晖和李来俊（2004）论述了企业在竞争环境下的研发投资决策优化问题，利用实物期权的方法，采用二人博弈的模型分析了两家实力均衡的企业在进行研发投资决策时可能采取的策略，有同时投资策略、追随者策略和领先者策略等，并给出各种情况下的最优投资时机。最后结合实证进行了结论验证。黄学军和吴冲锋（2005）在迪克西特和平迪克（1994）模型的基础上，进一步考虑了竞争优势。垄断优势外的竞争优势难以复制，给抢先进入的企业带来正的效应，但是竞争也给抢先进入的企业造成负的外部性，该文章建立了考察上述两种竞争作用不对等情形下的期权博弈模型。通过数值分析发现竞争优势越大会激励企业更早抢先进入，负外部性越大，追随者的企业进入门槛值就越会减少，并给出简要的经济学含义。吴建祖和宣慧玉（2006）认为竞争促使企业提前进行研发活动投资，从而削减了企业研发活动投资等待期权的价值。同时发现，市场需求的不确定程度越高，投资成本越高，企业越晚投资，而抢先投资的先动优势越大，企业越早投资。段世霞和扈文秀（2010）考虑兼并实施不确定性和讨价还价能力，得到了处于相关行业的两个企业的最优兼并时机，并对兼并临界值与兼并实施不确定性、兼并企业和目标企业的盈利能力、讨价还价能力以及所在行业的相关程度之间的关系进行了分析，同时对存在兼并与反兼并博弈条件下的企业兼并均衡策略进行了研究。

（2）不完全信息模型

兰博莱齐特（Lambrencht）和帕拉丁（Perraudin，2003）将不完全信息引入连续时间的决策模型中。没有企业能够确切地知道对手的投资成本，但是可以大体地知道投资成本的概率分布情况。对手企业的投资成本分布情况将相应地与该企业的投资的临界值相对应。该临界值位于零（被对方抢先，从而该企业不能获得任何收入）与不考虑对手而得到的投资临界值之间。竹泽直哉（Naoya Takezawa）等（2010）将兰博莱齐特和帕拉丁（2003）的模型扩展到对外直接投资领域。该模型将外资企业与当地的竞争者纳入期权博弈模型中。外资企业的最优投资策略将依赖于当地竞争对手的成本分布情况以及被当地竞争者征用的担心（在当地政府的帮助下）。西原（Nishihara）和福岛（Fukushima，2008）考虑了不对称进入成本的双寡头模型，将来的利润受到随机因素的影响，该随机因素遵循几何布朗运动。并且事先假定好领先者和追随者的角色，追随者不会成为领先者。求出领先者的两个临界值。较低的临界值表示，一旦达到该临界值则领先者立即投资。较高的临界值表示，一旦超过该临界值，领先者不投资。泰森等（2006）通过双寡头垄断市场考虑了先动优势和后动优势。后动优势可以通过先入者的信息溢出来获得。先动优势和后动优势的情况将导致是否提前进入，或者二者都不进入，都想等等看。该模型证明，竞争程度高并不必然地导致更高的社会福利。

其他方面的期权博弈模型还研究了在市场上已经从事经营的企业要进

行新的投资项目模型，代表文献有休斯曼和科尔特（1999），格莱那蒂尔（Grenadier，1996），科尔特和保利那（Pawlina，2006），莫图（Murto，2004），博耶（Boyer，2004b，2007），卡尔森（Carlson，2009）等；退出行业模型，代表文献有斯巴拉（Sparla，2004），莫图（Murto，2004）等；生产能力扩张模型，代表文献有格莱那蒂尔（2002），诺维·马克思（Novy Marx，2007，2009），休斯曼和科尔特（2009）等；阶段性投资模型，代表文献有斯密特和特里杰奥吉斯（2001），伟兹（2000），米尔特森（Miltersen）和施瓦茨（Schwartz，2004）等。陈梅（2004）利用期权博弈的基本思想对处于不确定环境中的企业性质做了新的解释。在不确定情况下（包括市场环境的不确定和竞争者行为的不确定），企业本质上可看作是实物期权的集合，企业投融资的过程实质上是与竞争对手进行期权博弈的过程，企业边界应该确定在等待的期权价值和抢先进入的战略博弈价值均衡之处，由于不确定因素的变化，企业边界在动态变动中寻求均衡。

（三）评论

期权博弈理论考虑到竞争者的影响，相对于传统的实物期权理论更符合现实，从而更具有生命力，因此相关的文献也非常多。文献可分为"完全信息模型"与"不完全信息模型"。国内的文献主要集中在"完全信息模型"。事实上"不完全信息模型"更为符合现实，但操作起来难度较大，本书作者目前的水平难以驾驭。因此本书作为对"外资银行进入时机"的初步探索，选取的理论前提还是"完全信息"。在后续的研究中，会逐步将"不完全信息"引入到模型中来。

迪克西特和平迪克（1994）模型是一个完全信息下的经典模型。但是，该模型没有考虑先动优势，后来有很多文献则引入了这一点。伟兹（2002）采用了与迪克西特和平迪克（1994）类似的方法，即动态最优规划与未定权益法相结合，但是该模型所考虑的先动优势，是"赢者通吃"这样一种特殊情况，且该模型随机波动项为研发项目的价值，而不是市场冲击情况。梅森和伟兹（2009）依然采用动态最优规划与未定权益法相结合的方法，随机波动项为项目价值，先动优势（或后动优势）体现在：与不考虑先动优势相比，领先者或者追随者的项目价值会体现为一定比例的上升或者下降。黄学军、吴冲锋（2005）在迪克西特和平迪克（1994）期权博弈模型的基础上引入了竞争优势，其对竞争优势的处理如下：假设追随者进入后，领先者所面临的价格是 mYD（2），而非 YD（2）。若 $m >$

1，则表示领先者获得竞争优势，如果 $m<1$，表示追随者的进入给领先者带来了负效应。本书也在迪克西特和平迪克（1994）期权博弈模型的基础上进行扩展，本书对先动优势的处理不同于其他文献，本书从追随者的角度出发，追随者晚进入，则他所面临的价格是 YD（2）$-\Delta C$，比不考虑先动优势时的价格 YD（2）少了 ΔC，这样的处理方式更直观、更符合思维逻辑。在以上的文献中，并没有关注两个企业是否同质，事实上都是在同质的前提下建立模型的，但是，两个企业不同质却更为符合现实，因此，本书在引入先动优势的情况下，进一步考虑企业是否异质。

第四节　先动优势理论述评

在讨论期权博弈时，通常会涉及先动优势。对于先动优势的相关文献，既有从一般企业出发的，也有针对银行业的。

一　先动优势的一般性理论

自从利伯曼（Lieberman）和蒙哥马利（Montgomery）在 1988 年发表了很有影响力的一篇先动优势文章后，越来越多的学者开始关注先动优势的问题。利伯曼和蒙哥马利（1998）认为抢先进入市场的企业往往能获得较高的市场份额。鲍尔丁（Boulding）和克里斯汀（Christen，2001）认为，在需求的方面先进入的企业会获得下列好处：顾客对先进入的企业会获得更深的印象；更能认同先进入的企业的品牌；顾客在转向其他企业的时候会产生较高的转换成本；先进入企业容易锁定客户。大量的实证研究验证了这些观点[①]，如图泌诺（Tufano，1989），凯林（Kerin，1992，1996），罗宾逊（Robinson，1994，2002），卡勒那拉姆（Kalyanaram，1992，1995），利伯曼和蒙哥马利（1998），等等。博格（Allen. N. Berger）和迪克（Astrid A. Dick，2007）认为需求方面还体现为消费者的惰性，由于信息不对称，对产品的质量存在着不确定性，从而懒得去更换另一家企业的产品。事实上，从需求方面产生的先动优势都可以大体上归为转换成本，简单的理解就是让一个客户去换一个产品，他会认

---

① 克努蒂拉（Eero Knuutila）著，郭立锦、朱孝忠译：《先动优势：何种情况下它最有效?》（http://www.tuta.hut.fi/studies/Courses_ and_ schedules~lsib/TU.91.167）。

为这会带来诸多的不便或者心理上的不适，为了克服这些，需要多花一定的成本。供给方面，利伯曼和蒙哥马利（1988）认为先入者比竞争对手可以更早地获取资源，即可以优先选择供应商。后来冠特瑞尔（Cottrell）和西克（Sick，2002）认为技术的领先以及创新的学习曲线的下移也会带来先动优势。

国内的施卓敏（2005）认为先进入市场的寡头企业可以通过抢先占有各类资源而获得先动优势，而后进入市场的寡头企业仍然可以在创新、差异化及进入时机等方面谋求后动优势。张树义和张树德（2003）根据企业决策中的行动先后所产生的收益差别，说明了市场竞争中先行动者的收益优势，以及拥有信息较多者收益未必高的道理。

二 银行业先动优势理论

在银行业，先动优势更是一个不可回避的问题。银行业与其他行业不同，银行业中，银行与客户之间的信任关系是非常重要的。银行业所涉及的各个环节中，信息不对称是其中呈现的一个重要特征，一旦与客户确立了业务关系，则客户由于信息不对称的问题而不愿意去更换另外一个银行，比如其他银行的情况怎么样，产品是否丰富，服务是否到位、快捷，甚至通过电话联系到客服人员的时间都是极大的影响因素，从而由于信息不对称而产生的先动优势在银行业中体现得更为明显。另外，当一个客户熟悉了某个银行业务操作流程之后，让他更换另一家银行，他会感到不熟悉，从而会产生一定的转换成本，这种转换成本也是银行业产生先动优势的重要原因，大量的证据表明，存款者会认为停止使用当前的账户，到一个新的银行开一个新的账户是很麻烦的，需要花时间来熟悉新的账户怎么操作。

图法诺（P. Tufano，1989）从市场占有份额以及价格方面分析了金融创新者是否对后来的模仿者具有先动优势。迈斯特（Mester，1995）发现，信用卡利率价格粘性主要归因于转换成本。基萨（Kisar，2002）发现一个家庭使用同一个银行的服务的平均时间是 10 年，而换银行的最为常见的动机是因为搬家了，而且三分之一的家庭认为之所以不换银行的原因在于换一个银行很麻烦。这个转换成本大约能占到利息的 1/3。斯坦格（Stango，2002）也发现了信用卡利率与转换成本存在着显著的正相关关系。基姆（Kim）、克利杰（Kliger）和瓦勒（Vale，2003）利用银行贷款数据，发现转换成本在借贷市场上具有非常重要的作用。伯格和迪克（2007）利用 1972—2002 年期间 10000 多个外资银行进入数据发现先入者确实能获得先动优势，这种先动优势体现在更大的市场份额。他们估计，进入者的进入次序从第 N 个变为第 $N+1$ 个时，进入者的市场份额就会相应地下降 0.1%。

三　简评

进入次序会对企业的表现产生影响。如果早进入企业的表现普遍比晚进入的企业好，则认为存在先动优势，否则存在后动优势。但是后动优势也有其存在的客观理由（如后入者可以观察先入者的表现以对市场情况作出重新的判断，继而调整自己的行为，从而可能获得更大的市场份额），因此，是否存在先动优势，要看实证的结果。国外一些银行业的实证检验，证实了在银行业确实存在先动优势。但是不能将这些结论直接照搬到中国，必须根据中国的国情，利用中国的数据来验证中国银行业是否存在先动优势。

第五节　本章小结

关于外资银行"进入时机"的文献非常少。现有文献的某些观点本书作者并不赞同：现有文献并没有区分其理论基础是传统的实物期权理论还是期权博弈理论；有文献认为"由于银行业的所有权优势容易被复制且存在明显的先动优势，因此银行业不存在可延迟性"，而本书认为对于"客户追随"动机的外资银行进入，其对客户具有一定的垄断能力，投资是可延迟的，传统的实物期权理论适用，同时可以不考虑先动优势；现有文献对某些影响因素的处理本书作者也不赞同。基于目前文献所存在的不足，本书将在一个更为扎实的理论基础上，采用更为合理的解释变量来分析我国外资银行进入时机问题。具体而言，根据外资银行"进入动机"为"客户追随"还是"当地市场利用"，确定何种实物期权理论适用。在"客户追随"动机下，传统的实物期权理论适用，本书将选择不确定性、资产规模排名等更为合理的影响因素，采用生存模型方法分析我国外资银行的进入时机问题。在"当地市场利用"动机下，期权博弈理论适用，本书将根据期权博弈理论的结论分析中国外资银行进入时机问题。

外资银行"进入动机"文献并没有走出国际生产折中理论的框架。进入动机主要是"客户追随"与"当地市场利用"。本书将根据外资银行的这两种动机来确定何种实物期权理论适用。另外，在利用"进入动机"进行分析时，经常也会或多或少涉及"进入时机"的分析，但往往建立在这样一个隐晦的逻辑下：体现这些动机的各类优势越明显，则外资银行越可能提前进入。不过，经过本书第四章第三节以及第五章第五节部分的详细分析，这样的逻辑是不成立的。"进入模式"相关理论基本上可视作选择不同模式的"动机"理论。在选择全资进入还是部分进入时，通常建立在这样的逻辑之下：若部分进入的收益与成本之差大于 0 且大于全资进入的，则选择部分进入。在本书进入模式对进入时机的影响中，这些理论所提及的影响因素也被纳入本书实物期权模型中，但是本书的逻辑不同：在未来存在不确定性、投资不可逆且可延迟的假设下，即使部分进入的收益与成本之差大于 0 且大于全资进入，也未必就要以部分进入的方式立即进入，因为等等看看再确定是否进入的利益可能会更大些。同样的，即使全资进入的收益与成本之差大于 0 且大于部分进入，也未必就要立即全资进入，可能"等待"是更好的选择。在实物期权理论框架下，选择合适的进入模式的决策会更贴近现实。

本书的研究方法是"实物期权"方法，无论是"传统的实物期权理论"还是"期权博弈理论"，在当前都有其适用性。本书"传统的实物期权理论"基础是迪克西特和平迪克（1994）[①] 连续时间条件下、动态规划与未定权益法相结合、针对延迟期权的期权价值及投资时机的决策模型，该模型是传统实物期权理论扩展及应用的工作母机。对于期权博弈理论，迪克西特和平迪克（1994）[②] 认为期权博弈模型是一个完全信息下的经典模型。但是该模型没有考虑先动优势，后来有很多文献引入了这一点。本书在该模型的基础上，也引入先动优势。但是对先动优势的处理与以往文献不同：本书从追随者的角度出发，追随者晚进入，则他所面临的价格是 $YD（2）-\Delta C$，比不考虑先动优势时的价格 $YD（2）$ 少了 ΔC，这样的处理方式更直观、更符合思维逻辑。在已有的文献中，并没有关注两个企业

① Dixit, Pindyck, *Investment under Uncertainty*, New Jersey: Princeton University Press, 1994, pp. 175-211.

② Ibid., pp. 309-313.

是否同质，事实上都是在同质的前提下建立模型的，但是，两个企业不同质却更为符合现实，因此，本书在引入先动优势的情况下，进一步考虑企业是否异质。

在将扩展的期权博弈模型应用于中国外资银行进入的实践时，必须对我国银行业是否存在先动优势进行实证检验。国外有大量文献显示银行业确实存在先动优势，但是中国的国情不同，不能直接照搬这样的结论，本书将在第七章第二节部分进行这样的实证检验。

第三章 传统实物期权理论基础

传统的实物期权理论是整个实物期权理论的基础。期权博弈理论是传统实物期权理论与博弈论的结合，传统实物期权理论依然是其理论基础。因此，本章将对传统的实物期权理论做一系统介绍。主要包括实物期权概念的由来；实物期权法则在投资决策方面，与传统的决策方法——净现值法则相比所具有的优势；实物期权的定价及如何应用于投资时机分析。

第一节 实物期权概念

期权（option）又称选择权，是一种赋予持有者在规定的时点上或时期内按照约定的执行价格买入或者卖出某项标的资产的权利而非义务的合同。期权是一种金融衍生工具，是一金融上的概念，因此也可以将期权称作金融期权。看涨期权赋予持有者买入标的资产的权利（但非义务），看跌期权赋予持有者卖出标的资产的权利（但非义务）。根据期权执行时间的不同将期权分为美式期权和欧式期权。欧式期权只能在接近期权到期日时一个非常有限的执行期内执行。而美式期权则能在期权到期日之前的任何时刻执行。

期权赋予持有者的是一种做出某种选择的权利，但持有者不用必须行使该权利。条件有利的时候，可以执行期权，获得正的收益；条件不利的时候，可以不执行期权，使损失不至于大于 0。这份灵活选择的权利能为期权持有者带来收益，这就是期权的价值。为了获得这样的权利，必须付出代价，这就是期权费。根据等价交换原则，期权价值就等于期权费。而期权的卖方获得期权费，但是承担如果买方行使权利就必须满足其要求的义务。不过欧式期权的选择性与美式期权的选择性稍有不同。欧式期权仅赋予持有者在到期日时点上进行选择的权利，而美式期权则赋予持有者在期权到期日之前任何时点上进行选择的权利。但是，无论是欧式期权还是美式期权，持有者在选择是否执行以及何时执行的时候，都体现了利润最大化原则。因此也可以说期权的价值就是期权给持有者所能带来的最大收益。

期权定价理论可以追溯到 1973 年费希尔·布莱克（Fischer Black）以及迈伦·斯科尔斯（Myron Scholes）的那篇关于股票欧式看涨期权定价的经典文章。在那篇文章里，提出了著名的布莱克—斯科尔斯（Black - Sholes）模型，奠定了期权定价的基础。布莱克—斯科尔斯模型将期权视为一未定权益资产①，与其他具有相同波动率的资产构造一无风险组合，计算期权的价值。因此，布莱克—斯科尔斯模型的期权定价方法也可以称为未定权益法。之后，期权定价一直是金融学家们研究的重要领域。他们纷纷对布莱克—斯科尔斯模型或解释，或扩展，或应用到其他种类期权的定价上②。此外，学者们还提出了其他期权定价方法，主要有二叉树模型、蒙特卡罗模型以及有限差分方法等。

期权中的选择权利能够为持有者带来收益的前提条件是：所依附的标的资产的价值的变化必须是不确定的。否则，就不存在根据形势好坏做出选择的问题。因此，期权的两个重要特征分别是：（1）期权赋予投资者选择的权利；（2）所依附的标的资产的未来价值存在不确定性。

而在实物投资的领域，拥有某项投资机会的企业拥有这样的选择权利，可以在将来的某个时间里投入一定成本，获得某个项目，即进行投

---

① 根据新帕尔格雷夫词典，未定权益资产是一种合同，该合同未来的收益依赖于一种或几种不确定变量的演变。未定权益资产包括基于商品、汇率、利率、股票指数、股票等的期权、期货等，证券组合也可以视为未定权益资产。未定权益法（contingent claim analysis）研究的是如何定价这些合同，利用期权定价理论与不确定情况下的最优证券组合安排问题相结合来定价这些合同。

② 考克斯（Cox）、罗斯（Ross）和鲁宾斯特林（Rubinsterin, 1979）利用简单的例子解释布莱克—斯科尔斯模型的基本原理；马克贝斯（Macbeth）和麦维勒（Merville, 1980）检验了布莱克—斯科尔斯模型；桑普（Thorp, 1973）、利兰（Leland, 1985）、英格索尔（Ingersoll, 1976）、斯科尔斯（Scholes, 1976）、莫顿（Merton, 1973）（斯科尔斯与莫顿因此而获得 1997 年的诺贝尔经济学奖）、罗斯（1976）、鲁宾斯特林（1976）、布伦南（Brennan, 1979）、利兰（1985）、库恰夫（Dokuchaev, 1998）、莱昂内尔·马尔泰利尼（Linoel Martellini, 2000）等扩展了布莱克—斯科尔斯模型；莫顿（1973）、布莱克（1976）、考克斯、英格索尔和罗斯（1985）、阿敏（Amin）和加罗（Jarrow, 1991）、坝贝尔（Campbell）和惠利（Whaley, 1992）、休（Hugn）和巴兹雷（Bazley, 1997）、霍普纳（Hubner, 2001）等利用布莱克—斯科尔斯模型对其他期权进行定价。资料主要来源于新帕尔格雷夫词典"期权定价"词条。

资，但如果市场状况不好，也可以不付出成本从而放弃该项目，即不投资。也就是说该投资机会赋予企业在未来的某个时间里投入一定的成本从而获得某个项目的权利（而非义务），这种权利与金融工具看涨期权非常类似。投资的项目就相当于金融期权中标的资产，其价值的变化是存在不确定性的；投资成本就是金融期权中的执行价格；而获得该投资项目就相当于购买了标的资产，执行了期权。因此我们将这种未来收益存在不确定性，并能赋予持有者选择权利的实物投资机会称为实物期权。对这种投资机会就可以用金融上的期权定价方法对其定价。实物期权方法就是将期权的思想应用到实物投资决策中的方法。有的实物投资机会可以持续一段时间，在投资机会消失之前的任何时刻，投资机会的持有者都可以进行投资，这就相当于金融上的美式看涨期权，不妨把它称为美式实物期权。而有的投资机会只允许投资者在将来的某个时点上执行，这就相当于欧式看涨期权，可以把它称为欧式实物期权。梅耶斯（1977）最先提出了实物期权（real options）的概念。梅耶斯认为实物期权的价值是将来各种投资机会（成长机会）的现值，或者说是将来在条件有利时购买实物资产（real assets）的机会的现值，这些成长机会可以看成实物资产的看涨期权（call options on real assets）。这里购买实物资产就相当于进行了实物投资。

鲁尔曼（1998）将实物期权与金融看涨期权做了一下对比，其对应关系如表 3—1 所示。表 3—1 给出的事实上是美式实物期权与相应的金融看涨期权的对比，即该实物期权可以在投资机会消失之前的任何时候做出投资与不投资的决策。

表 3—1　　　　　　　　实物期权与金融看涨期权类比

投资机会	看涨期权
投资项目	标的资产（如股票）
投资项目将获得的现金流（ECF）的现值 （相当于项目的价值）	标的资产的价格 （如股票价格）
为了获得这些 ECF 所需要的花费 （相当于投资成本）	执行价格
投资决定可以推迟的时间 （投资机会消失之前的时间）	到期期限
金钱的时间价值	无风险利率
投资 ECF 的风险 （相当于项目价值的不确定性）	标的资产价值的波动 （如股票收益的方差）

　　事实上迪克西特和平迪克（1994）已经对实物期权的概念进行了扩展，未来收益不确定的投资机会一般都会赋予投资者在将来某一时间内或时点上选择投资或者不投资的权利，而不仅仅局限于实物投资领域，实物期权就扩展为未来收益存在不确定性的各种投资机会，实物期权的价值就是投资机会为持有者所带来的收益。而投资从广义上来讲，即投入一定成本，从而获得将来回报的行为。人们花费时间在职业教育上是一种投资，关闭损失的企业也是一种投资。因此，投资是无所不在的，投资机会也存在于各个领域，从而使实物期权的应用领域得到了极大的扩展。由于人们在做出某项决策的时候，总是会考虑投入和未来的回报，因此，可以将各种决策视为投资，拥有某种决策机会就可以认为是拥有了某种投资机会。于是实物期权还可以看成是不确定环境下各种决策的机会。本书其他的部分对实物期权的分析主要局限于实物资产的领域中。

　　根据企业（或投资者）所能做出的各种决策，学者们对实物期权进行了分类。拥有某项投资机会的投资者在投资机会消失前拥有等待的权利，即投资者没有义务立即投资，他可以在等待中获得更多的市场信息，从而选择更为有利的时机进行投资。而情况不利，则不投资，这种等待权利就是延迟期权，这相当于美式看涨期权。企业拥有扩大、缩小规模以及关闭工厂或者重新营业的权利，这就是改变经营规模的期权。如果市场状况恶化，则可以选择放弃投资，这就是放弃期权。但是企业也可以不退出市场，而是暂停营业，等状况变好的时候，再重新开始运营，这样，重新运营所花费的成本以及在暂停营业期间维护设备等的费用要比重新投资所花费的少，这可谓暂停期权。如果市场状况继续恶化，投资者则可以完全放弃企业，进行残值的回收，这就是回收残值期权。转换期权是指企业有权利而非义务改变生产的投入或者产出。柔性期权相当于一个转换期权，体现了在经营过程中决策的弹性。成长期权是指某项投资可以获得下一阶段进行投资或者进入市场的权利。因此该项投资的价值不仅包括该项投资本身所带来的未来现金流折现值，还包括它所带来的其他权利的价值。在一个项目建成投产之前，通常需要进行多次投资，这就是序列投资期权。即使不是多次投资，一次投资完成也需要时间，这就是时间累积型期权。序列投资与时间累积型投资在本质上没有差别，只是一个是从投资离散方面考虑，一个是从投资的连续性方面考虑。在投资的每一个阶段上，对这个阶段的投资可以进行重新估价，并可以决定放弃或者扩大。交互式期权、多重期权或复合期权（multiple options, interacting options, compound options）由多种期权构成，期权之间相互影响。特里杰奥吉斯（1993）认为投资计划包含数个实物期权时，由于每个实物期权组合会产生交互影响，后续期权的存在会增加前一期权标的资产的价值，而前一实物期权的执行可能改变本身的标的资产。因此，实物期权集合的总值可能与个别实物期权价值的加总不同。学习型期权指前阶段的成功投资可以为下阶段的投资带来有价值的信息，这些信息可以提高投资的价值。

第二节　实物期权法则在投资决策方面的优势

在未来存在不确定性的情况下，企业在决定是否进行投资的时候，传统的做法是采用净现值法则（NPV 法则）。即将各期的净现金流量（NCF，各期的收益和成本之差）贴现为净现值（NPV），如果净现值大于 0，则决定投资，小于 0，则不投资，等于 0，则既可以投资也可以不投资[①]。

但是净现值法则在投资决策中有很多不尽人意之处，除非项目的净现值远远大于零，否则企业不会轻易进行项目投资；另外尽管有时经营面临亏损，净现值为负值，但企业仍然坚持继续该项目。这些现实情况与标准理论不符，提醒我们有必要重新审视净现值法则。

事实上净现值法则在使用的时候隐含了两个假设条件：（1）投资是可逆的，即当市场状况不好的时候，企业可以通过某种方式恢复到未投资的状态之下；（2）如果投资是不可逆的，则投资是不可延迟的，即如果将来不投资，则永远不投资。这两个假设条件使净现值法则不必考虑一旦进行投资的机会成本，从而高估了投资所能带来的净现值。而大部分投资是不满足这两个条件的，即大部分投资一旦进行了，就失去了在将来进行的可能性，而且大部分投资也是可以现在不投资而在将来选择合适时机进行投资的，即大部分投资都存在机会成本问题。

净现值法则还忽略了投资的另外两个重要特点。（1）有的投资往往会

---

① 在净现值方法的基础上，又发展了其他方法。如利用边际（marginal approach）方法，投资应一直持续到资本增加一单位所带来的价值等于它的成本。下面的两种方法与边际方法是等价的。第一种企业意愿的投资额确定方法，使边际产品的价值等于所花费的成本（equating the marginal product and the user cost）。第二种托宾（Tobin）的 q 值法，边际投资的资本化价值与购买成本（purchase cost）之间的比值为 q，如果 q > 1 则进行投资。

带来后续投资的机会；（2）投资者具有决策的灵活性，投资者可以根据市场状况的好坏决定是否投资，从而改变了投资收益的概率分布。传统的净现值法则由于忽略了这两个重要特征，从而低估了投资项目的价值。

根据不确定性的性质的不同，不仅可以将上述各类实物期权进行再归类，而且可以比较清楚地看出实物期权方法是如何对净现值法则进行修正的。本书将根据三类假设，来分析实物期权方法对 NPV 法则进行修正的实质，并对众多的实物期权种类进行归类。

1. 第一类假设：不确定性外生于投资

不确定性外生于投资是指信息只能通过时间来获得，即不确定性只能通过时间的推移来解决。外生的信息——市场价格等——不会因为企业进行投资而得以揭示，它只能通过时间来解决，即等待是有价值的，这为延迟投资带来了必要性。而投资机会一般总是会持续一段时间的，这为延迟投资带来了可能性。这种可等待的投资机会就是延迟期权，或者叫作等待期权，这是一个美式看涨实物期权。我们通过一个简单的例子说明延迟期权，并从中说明净现值方法失效的原因。

例 1：假设 2005 年，有一厂商正在决定是否要生产某种零件 H，这项投资是完全不可逆的，也就是说，这个厂只能用来生产这种零件 H，如果该零件 H 的市场完全消失的话，这个厂商不能恢复他曾经的花费。我们假定建厂的成本 I 为 1150，为简单起见，我们假设投资建厂能够在瞬间完成。一旦建成，每年生产 1 单位该零件 H，直到永远，并且没有运营成本。目前该零件 H 的市场价格为 300，但是下一年该零件的价格会变，假设以 0.5 的可能性上升到 500，以 0.5 的可能性下降到 100。假设从下一年以后，该零件 H 的价格保持不变。那么厂商应该做出什么样的决策呢？是现在立即投资呢，还是等一年，看看下一年的情况怎样再做决定呢？（假设折现率为 20%）

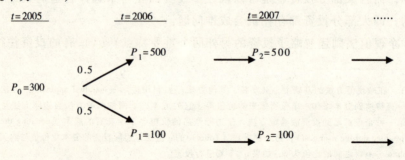

该零件的期望价格总是 300。根据净现值法则，我们计算该项投资的净现值为：

$$NPV = -1150 + \sum_{t=0}^{\infty} \frac{300}{(1.2)^t} = 650$$

NPV > 0，那么似乎应该是立即进行投资，即在 2005 年投资。

但是这个结论是不正确的，因为，上面的计算忽略了一项成本，即现在进行投资的机会成本。一旦现在进行投资，就意味着失去了在将来投资的机会。为了更清楚地看到这一点，让我们重新计算一下净现值。这次，不是立即投资，而是等一年，如果那个时候价格上升的话，就投资，否则就不投资。在这种情况下：

$$NPV = (0.5)\left[\frac{-1150}{1.2} + \sum_{t=1}^{\infty} \frac{500}{(1.2)^t}\right] = 770.83$$

这是等待一年之后，这个项目带来的净收益，而如果立即投资的话，投资所带来的净收益是 650。很显然，应该是等一年即到 2006 年再投资更好。等待的价值就是 770.83 - 650 = 120.83。在这个例子中，由于投资是不可逆的，这 770.83 也是现在进行投资的机会成本，因此在计算现在进行投资所花费的成本的时候，应该把这一机会成本计算在内，也就是说如果现在进行投资，成本不是 1150，而是 1150 + 770.83 = 1920.83。但是 NPV 法则没有考虑机会成本，从而高估了项目所能带来的净收益。在本例当中，第二年执行投资所带来的净收益 770.83 同时也是这项投资机会即这个延迟期权的价值。对于美式期权的价值，从最原始的含义来讲就是选择最佳时机所能获得的最大收益，美式实物期权也是如此。我们已经计算出第一年进行投资的净收益是小于 770.83 的，同时还可以计算出如果在第三年及以后的年度里进行投资，净收益都会小于 770.83。因此，第二年投资所带来的净收益最大，也就是这个延迟期权的价值。一旦现在进行投资，就失去了这个等待时机再投资的机会，也就失去了这个投资机会的价值，因此，这个投资机会的价值就是现在进行投资的机会成本。因此，净现值法则的投资规则"当单位资本所带来的价值在超过或至少等于它的购买以及安装成本时就可以投资"应该改成"单位资本所带来收益不仅要超过购买或者安装成本，并还能弥补丧失延迟期权所带来的机会成本，才可以投资"。

在计算本例中这个美式实物期权价值的时候，同时体现了投资决策的灵活性，如果市场状况良好，即市场价格为 500，就决定投资获得正的收益，而如果市场状况不好，即市场价格为 100 的话，则决定不投资，这种决策的灵活性体现了期权的特点，也是净现值法则所没有考虑到的。

在这里，出现机会成本是有条件的。如果是否投资必须现在决定，否则就永远不能投资的话，那么就不存在"现在进行投资"的机会成本的问题，NPV 法则是适用的。另外，如果投资是可逆的，即使现在进行投资了，在将来情况不好的时候，也可以完全回收当时的投入，就跟没有投资一样，这样也不存在机会成本的问题。另外等待可以带来信息也是前提之一。否则，如果等待不可以带来信息，就没有等待的必要，因为等待之后的结果跟现在一样。那么这就是一个要么现在投资要么永远都不投资的问题，因此不存在机会成本的问题。投资的不可逆性、可延迟性和等待可以带来信息是将机会成本算入 NPV 的前提条件。

本小节提到过，对于有的投资，即使净现值已经远远大于零，但是投资者仍然不投资，原因就在于虽然没有通过实物期权方法明确地计算出机会成本，但是投资者已经感到机会成本的存在。

2. 第二类假设：不确定性内生于投资

不确定性内生于投资是指只有通过前期的投资，才能使投资者获得信息，并带来进一步抉择的机会（通常是另外的投资机会），而进一步的投资机会是有价值的，这部分价值应该包括在前期投资所带来的收益当中。例如，用于产品研发项目的投资可以带给厂商将来进行生产制造的权利而非义务。那么该项投资的价值不仅包括这项投资所带来的现金流的折现，还包括这项投资带给厂商的其他选择权利的价值。另外，因为不确定性内生于投资，时间并不能带来信息，因此投资者没有等待的必要，因此，也就不存在等待期权这样一个机会成本，那么该投资就成为一个现在若不投资则永远不投资的问题，只要现在进行投资的净现值（包含所带来的另外的选择机会的价值）大于或等于 0，则投资，否则不投资。

最初的投资我们称作母投资，母投资所带来的另外的投资机会就是成长期权。下面我们举一个简单的例子来说明一下什么是成长期权，以及成长期权怎样使净现值法则失效。

例 2：假设 2005 年，某电器厂准备投资一条生产线生产一种新的电子产品 A，预计产品 A 的现金流的期望值分别为：

时间	2005	2006	2007	2008	2009	2010
净现金流量	-1000	240	360	320	400	210

即如果在 2005 年投资,在 2005 年投入 1000 的成本,从 2006 年之后开始获得收益,净现金流如上表所示。假设该项目的折现率为 20%。

依据 NPV 法则,

$$NPV = -1000 + \frac{240}{1.2} + \frac{360}{1.2^2} + \frac{320}{1.2^3} + \frac{400}{1.2^4} + \frac{210}{1.2^5} = -87.52$$

按照净现值法则,由于净现值小于 0,我们应该放弃该项目的投资。

现在看一下实物期权方法带来的变化。

公司打算通过 A 的生产,培育销售渠道和知名度,同时,预计到 2008 年,替代 A 的新电子产品 B 将在技术上趋于成熟,届时,公司可以不失时机地推出 B,从而使公司能够稳占此类电子产品的市场。如果公司不推出 A,那么在 2008 年的时候,公司由于销售渠道和知名度的关系,也不能顺利地推出 B。那么投资于 A 产品的投资为母投资,投资于 B 的机会就是成长期权。

2008 年之后 B 的销售情况受多种情况的影响,在目前情况下,B 的市场前景难以预测。公司对 2008 年之后 B 的销售情况做了最保守的估计。公司预测 2008 年到 2013 年的现金流的期望值分别是:

时间	2008	2009	2010	2011	2012	2013
净现金流	-2200	540	505	860	980	500

即在 2008 年投产 B 的成本是 2200,之后的收益状况如上表所示。

以 2005 年年末为考察起点,B 的净现值为:

$$NPV = \frac{-2200}{1.2^3} + \frac{540}{1.2^4} + \frac{505}{1.2^5} + \frac{860}{1.2^6} + \frac{980}{1.2^7} + \frac{500}{1.2^8} = -1273.15 +$$

$1146.16 = -126.99$

NPV 小于 0,按照净现值法则的结论,投产 B 同样是不可以的。

但是,对于 B 的投资价值,还有很大的不确定性,在目前的价值为 1146.16。假定随市场情况的变化估计其年波动率为 35%,很显然,三年之后,投资于 B 的价值可能大于 1146.16,也可能小于 1146.16。同样的,三年之后，投资于 B 的净现值既可能大于 0，也可能小于 0。但是我们有一个选择的权利，即如果三年之后，投资 B 的净现值小于 0，我们就不投资，从而不受损失；而如果净现值大于 0，则投资于 B，获得正的净收益。这就是说三年之后投资于 B 的机会赋予了我们一个选择的权利而非义务。因此投资于 B 这样一个机会就相当于一个期限为三年、执行价格为 2200、标的资产的当前价格为 1146.16、波动率为 35%、在期权到期日之前不考虑现金流的欧式看涨期权。我们假定无风险利率为 5%，即有：$\sigma = 35\%$，$T = 3, V = 1146.16, I = 2200$。这样我们仿照金融上欧式看涨期权公式得出该实物期权的当前价值（$t = 0$）为：

$$F = VN(d_1) - Ie^{-r(T-t)}N(d_2) = 96.19$$

其中

$$d_1 = \frac{\ln(V/I) + (r + \sigma^2/2)(T-t)}{\sigma\sqrt{T-t}}$$

$$d_2 = \frac{\ln(V/I) + (r - \sigma^2/2)(T-t)}{\sigma\sqrt{T-t}} = d_1 - \sigma\sqrt{T-t}$$

公司现在要决定的是，是否要投资产品 A，如果现在投资产品 A，就拥有了三年后投资 B 的机会。因此，投资于 A 的价值不仅包括投资 A 本身所带来的 5 年的现金流，还包括三年后投资于 B 这样一个投资机会的价值。

那么，2005 年投资于 A 的实际净现值就为：

$-87.52 + 96.19 = 8.67$

净现值大于 0，因此，公司应该立即投资生产 A 产品。

从这个简单的例子可以看出，由于净现值法则没有考虑到增长期权的价值，从而低估了项目的价值。

假设其他保持不变，波动率上升为 $\sigma = 40\%$，则投资 B 的价值变为 134.31。波动率为 50% 的时候，则投资 B 的价值变为 199.14。

可以看出波动性越大，三年后投资于 B 的实物期权的价值就越大。波动性变大，产品 B 价格将来上升的幅度就越大，来自于价格上升的潜在收益就越大。而同时，如果 B 价格下降，则来自于价格下降的损失被限制在 0（即不投资 B）。由于投资于 A 这项实物期权的价值等于 A 本身所带来的价值以及投资于 B 这样一项实物期权的价值之和，因此，波动性越大，则投资于 A 的价值越高，企业更倾向于立即投资。这说明波动性是企业价值的一个源泉。而净现值法则通常认为波动性是降低项目价值的因素，但是，从这个例子可以看出，由于未来决策的灵活性，波动性成为有利于项目价值的因素。

在本假设线索下，后续投资增加了本期投资的价值就说明了本书小节提到的为什么净现值已经是负值了，企业仍然不放弃经营的问题。原因在于，通过现在的经营，可能还有别的可以翻身的投资机会，这些投资机会的价值就应该计入现在经营所获得的收益当中，从而使即使现在继续经营亏损，企业也是有利可图的。

3. 第三类假设：内生与外生的不确定性共同存在于投资中

这样的假设更符合现实中大部分投资。对于一项投资而言，可以通过该项投资，获得其他的投资权利，这是不确定性内生的表现。但同时，时间对于这项投资往往也不是一点用处没有的，等待还是可以带来信息的，也就是说，同时还存在着外生于投资的不确定性，立即投资存在着机会成本的问题。在内生不确定性与外生不确定性同时存在的情况下，还要对内生性再分两种情况：一种是不确定性仅内生于这项投资机会的初始时刻，即只有立即投资，才能带来后续的成长期权。这在现实生活中是存在的，很多机会都是稍纵即逝的。另一种情况是不确定性不仅仅内生于这项投资机会的初始时刻，只要在某一特定的时间内进行该项投资，就能带来后续的成长期权。

我们将例1、例2结合起来看，假设厂商只有立即（在2005年）投资该零件H（母投资），才能有在2008年上马另一种产品B的机会，如果不立即投资的话，则无论何时投资于该零件H，都无法获得投资于B的机会。那么这里面存在两个实物期权，一个是投资于该零件H的延迟期权，另一个是立即投资该零件H所带来的成长期权。B的情况同例2，假设波动率仍为35%。

在这种情况下，投资产品B这个成长期权所带来的价值就应该加到现在进行母投资所能带来的收益里面。如果现在进行母投资，那么从投资该零件H所获得的净现值是650 + 96.19 = 746.19。如果不存在外生的不确定性，由于该净现值大于0，肯定是应该立即进行投资。但是，投资该零件H并不一定非得现在投资，它可以等待一年，等待市场状况变得明朗之后再投资，即有等待的机会，因此仍然存在现在进行投资的机会成本问题，我们前文已经计算出，为770.83。而746.19还是不能抵消机会成本，因此，现在仍然不投资该零件 H，等待时机。

但是，如果 B 的波动率变大，变到了 50%，投资 B 的机会的价值为 199.14，若此时投资，则净收益为 650 + 199.14 = 849.14 > 770.83，即现在进行投资所得到的收益不仅能抵消直接成本 1150，还能抵消机会成本 770.83，因此，可以立即投资。

可以看出，投资于 B 的成长期权增加了现在投资零件 H 的收益，从项目价值的角度来看，增加了投资于零件 H 这个项目的价值。同时延迟期权的机会成本不变，因此，相对于在只有延迟期权的情况下，这种内生的不确定性增加了立即投资的倾向，这是从不确定性影响决策的角度来讲。

但是，还有可能就是只要在 2008 年以前投资于该零件 H，就有在 2008 年上马 B 的机会。当然，如果过了三年之后，还未投资于该零件 H，那自然就不存在上马 B 的机会。在例 1 的假设中，投资于该零件这项机会是可以无限延迟的，那么由于存在一个三年之后要上马 B 的机会，因此，该投资机会的延迟时间就缩短为 3 年。

先不考虑成长期权 B，那么延迟时间缩短为 3 年之后，并未改变投资该零件 H 这样一个实物期权的价值（前文交代过，在第二年投资 H，所获得的收益最大，因此也是这个实物期权的价值。尽管时间缩短为三年，但是投资者没有丧失在第二年进行投资的机会，所以实物期权价值没有改变）。考虑到成长期权 B 之后，不仅在 2005 年投资该零件所获得的收益增加（增加为 650 + 96.19 = 746.19），而且若是在 2006 年投资的话，也增加了同样的收益，即对于该零件的投资，无论在这三年里的任何时候投资，增加的收益是一样的。因此，虽然成长期权增加了现在投资于该零件的收益，但是它也同样增加了投资于该零件的实物期权价值，也就是机会成本也增加了那么多，此时该母投资机会的价值或者说立即进行母投资的机会成本是 770.83 + 96.19 = 867.02。在这种情况下，投资于 B 这样的成长期权虽然增加了投资于该零件 H 的收益，但是相对于只有不确定性外生的情况，并没有影响投资决策。

在不考虑外生的不确定性的情况下，成长期权为母投资增加了收益，因此，使立即投资的倾向增加。但是，在考虑到外生的不确定性的情况下，则要看内生不确定性的性质。如果不确定性仅内生于母投资的初始时刻，那么该成长期权会促进投资；但是如果不确定性不仅仅内生于投资的初始时刻，则该成长期权对投资决策不产生影响。

这里还有一个情况需要说明，由于成长期权的缘故，使母投资的可延迟时间缩短。但是本例中由于情况特殊导致母投资本身的期权价值没有变化，但是在很多情况下，可延迟时间缩短，这会使延迟期权的价值降低。那么在不确定性不仅仅内生于投资的初始时刻的情况下，成长期权还是会促进投资的进行的，但是，促进的原因与不确定性仅仅内生于母投资的初始时刻是不同的。

在同时考虑到内生与外生的不确定性的时候，出现了两个实物期权，母投资为延迟期权，所带来的投资机会为成长期权，这两个实物期权构成一复合期权。

由于广义上的投资就是投入一定的成本，从而获得一定的收益。从这个意义上讲，放弃生产也是一种投资。如果厂商持续亏损，那么放弃生产的成本就是遣散工人的费用以及变卖商品、机器设备等的损失，收益则是亏损停止。既然是一种投资，就可以根据不确定性假设的不同，把放弃生产这样一项权利归入上述三种实物期权中的一种。同样的道理，可以把改变投入或产出的行为、暂停营业行为等都看作是投资，从而根据不同的假设也各自归入上述三种实物期权中的一种。至于序列投资期权，则是成长期权的混合。因为，每一阶段的投资，都带来了下一阶段是否投资的权利。学习期权由于初始投资为后续投资带来了有价值的信息，从而增加了后续投资的价值，这增加的价值就是学习期权的价值，也应该计入初始投资的收益当中去，因此，学习期权也可以看成是一种成长期权。

总的来讲，通过不确定性内生与外生的性质，可以对净现值法则进行修正。在不确定性是外生的情况下，实物期权法则认为传统的净现值法则高估了项目所能带来的收益。净现值法则忽略了"一旦现在进行投资就失去了未来在合适的时机再进行投资的机会"，而这个机会成本应该计入现在进行投资的成本中去。在考虑不确定性内生的条件下，实物期权法则认为净现值法则往往忽略了投资所能带来的后续的投资机会，从而低估了项目的价值，而实物期权法则可以弥补这一缺陷。另外，将内生的不确定性与外生的不确定性结合在一起使得实物期权法则的应用范围更为广泛。

第三节 传统实物期权定价介绍以及
投资时机的影响因素[①]

传统实物期权理论不考虑竞争者的影响，将进入者视作垄断者。传统实物期权定价方法的目标是要利用期权的思想得到一个最佳的投资时机。本部分的定价以延迟期权为对象，假定不确定性外生。

在不确定性外生的情况下，"等待"是可以带来信息的。如果项目将来的现金流存在不确定性，那么厂商最好的选择是等待，一直等到不确定性解决了以后，再决定是否进行投资，而不是现在就进行投资。因此，延迟投资是最佳选择。这里存在一个"延迟投资"期权，这个期权的价值必须计入投资决策的分析中去。

正如里奥利和萨洛里奥（1996）所指出的，有三个因素影响"延迟期权"的价值，使延迟投资比现在投资更为有利，这三个因素是：不可逆的程度，厂商延迟投资的能力以及不确定性的性质。如果投资是完全可逆的，那么由于厂商可以任意改变决定而不用付出成本，因此，该延迟期权就不具有价值。如果投资是不可延迟的，那么很显然，要么现在就进行投资，要么就永远不投资。在这种情况下，延迟期权也是不存在的。但是，如果投资是可逆并且可延迟的，"延迟期权"要想有价值还必须存在以下两个条件：（1）存在不确定性；（2）不确定性是外生的，即厂商希望得到的信息只能通过时间的推移来获得，而不能通过投资来获得。在不确定性外生的情况下，存在一个延迟投资期权。这个延迟投资期权的价值就是现在进行投资的机会成本，应该计入到投资的成本中去的。延迟投资的价值越大，说明现在进行投资的机会成本就越大；现在投资的成本越大，厂商就越倾向于延迟投资。

一 定价介绍

假设投资是完全不可逆的，沉淀成本是不能被恢复的；投资是可以延迟的，且可以无限延迟，因此，企业拥有等待信息的机会。

[①] Dixit, Pindyck, *Investment under Uncertainty*, New Jersey: Princeton University Press, 1994, pp. 175 – 211.

　　下面看一下企业拥有的这样一个机会的价值，即延迟期权的价值是多少以及影响这个期权价值的因素。

　　对于一个投资成本是 I（不可逆）、价值为 V 的项目（即如果立即投资，则项目价值为 V），何时投资最佳？假设 V 遵循几何布朗运动：

$$dV = aVdt + \sigma Vdz \quad\cdots\cdots\cdots\cdots\cdots\cdots\cdots\cdots\cdots \text{（3.1）}$$

　　其中 dz 是维纳过程增量，$a > 0$。企业的投资机会就等于是一个永久性的看涨美式期权。投资决定就相当于决定什么时候执行这样一项期权。因此，投资决定可以看成是期权定价的问题。下面用期权定价模型（未定权益法）来确定最佳的投资决策。

　　假定 $F(V)$ 表示投资机会的价值（即这个延迟投资期权的价值）。现在需要找一个规则来最大化 $F(V)$。由于在时间 t 进行投资的收益是 $V_t - I$，因此要最大化这个收益的现值：

$$F(V) = \max E\big[(V_t - I)e^{-uT}\big] \quad\cdots\cdots\cdots\cdots\cdots\cdots \text{（3.2）}$$

　　E 代表期望，T 是将来进行投资的某一未知时间，u 是贴现率，V 遵循等式（3.1）的分布。为了使式（3.2）有意义，必须假设 $a < u$，否则，T 越大，$F(V)$ 就越大，因此，就不存在一个最优情况。由于 $\sigma > 0$，即 V 的变化是随机的，因此不能确定一个时间 T，从而在 T 时刻进行投资。替代的办法是寻找一个临界值 V^*，一旦 $V > V^*$，就立即进行投资。假设 ρ_{VM} 为 V 与市场组合的相关系数，那么 V 的总收益率 u 为：

$$u = r + \varphi\rho_{rm}\sigma \quad\cdots\cdots\cdots\cdots\cdots\cdots\cdots\cdots\cdots\cdots\cdots \text{（3.3）}$$

　　r 为无风险利率，φ 为风险的市场价格。因此，如果拥有这个项目，投资者要求从这个项目上获得的经风险调整的预期收益率为 u。假设 $a < u$，令 $\delta = u - a$，因此 $\delta > 0$。δ 为一旦进行投资的现金流，也是延迟投资的机会成本。对于 δ 的作用，可以用金融的看涨期权做类比。如果 V 是股票的价格，那么 δ 就是来自股票的红利。股票的总预期收益率为 $u = a + \delta$，即预期资本收益率加上红利率。如果 δ 为 0，那么投资者将会持有这个股票看涨期权，直到到期日为止。因为股票的收益完全体现在股票价格的运动中（资本增值中），即体现在持有这个看涨期权中的机会成本为零。但是，如果红利为正，那么持有而不执行这个看涨期权，就有了机会成本。这个机会成本就是由于持有看涨期权而丧失的红利。由于 δ 是一个比例形式的红利率，股票价格越高，则红利就越大。在股票价格足够高的时候，持有该期权的机会成本就非常高，足以促使投资者执行该期权。

考虑这样一个组合：持有延迟投资的期权，其价值为 $F(V)$；卖空 $n = F'(V)$ 单位个该项目。这个组合的价值为：$\Phi = F - F'(V)V$，在一个短时间 dt 内，这个组合中的卖空方要求支付 $\delta V F'(V)$，否则，任何一个理性的投资者都将不会持有这项交易的多头。持有该项目多头的投资者要求总的回报是 uV，其中一部分为资本收益 aV，另一部分为现金流 δV。由于总共有 $F'(V)$ 单位个该项目，因此，持有多头的投资者要求获得 $\delta V F'(V)$ 的现金。将这项支付计算在内的话，在一个极短的时间 dt 里，持有该组合的总收益为：

$$dF - F'(V)dV - \delta V F'(V)dt \quad\text{（3.4）}$$

使用 ITO 公式，得到 dF 的表达式：

$$dF = F'(V)dV + \frac{1}{2}F''(V)(dV)^2 \quad\text{（3.5）}$$

因此，该组合总收益为：

$$\frac{1}{2}F''(V)(dV)^2 - \delta V F'(V)dt \quad\text{（3.6）}$$

根据等式（3.1），得出 $(dV)^2 = \sigma^2 V^2 dt$，因此式（3.6）为：

$$\frac{1}{2}\sigma^2 V^2 F''(V)dt - \delta V F'(V)dt \quad\text{（3.7）}$$

由于式（3.7）中已经没有了随机因素 dz 的作用，因此该收益为无风险收益。因此，式（3.7）一定等于 $r\Phi dt = r[F - F'(V)V]dt$，即：

$$\frac{1}{2}\sigma^2 V^2 F''(V)dt - \delta V F'(V)dt = r[F - F'(V)V]dt$$

$$\quad\text{（3.8）}$$

两边都除以 dt，整理得：

$$\frac{1}{2}\sigma^2 V^2 F''(V) + (r - \delta)V F'(V) - rF = 0 \quad\text{（3.9）}$$

$F(V)$ 必须满足式（3.9）。此外，$F(V)$ 还必须满足：

$$F(0) = 0 \quad\text{（3.10）}$$

$$F(V^*) = V^* - I \quad\text{（3.11）}$$

$$F'(V^*) = 1 \quad\text{（3.12）}$$

条件式（3.10）说明，若 $V = 0$，则它会一直为 0。因此，延迟投资的期权没有任何价值。条件式（3.11）和条件式（3.12）是从最优投资决策的角度考虑的。当 V 达到 V^*，投资者的最佳选择就是现在进行投资，也就是执行这个期权或者说是这个投资机会，那么此时期权的价值就是项目的价值 V^* 减去投入的成本 I。条件式（3.12）说明在 V^* 处，$F(V)$ 与 $V-I$ 曲线相切，且 $F(V)$ 在 V^* 点处连续。如果不是这样的话，投资者就可以在其他更佳的点上执行期权，而不是 V^* 点。

我们可以将式（3.11）写成 $V^* - F(V^*) = I$，当企业投资的时候，得到的是 V，失去的是延迟投资期权的价值 $F(V)$，净收益是 $V - F(V)$，在 V^* 处，净收益等于直接成本 I。也可以将式（3.11）写成 $V^* = F(V^*) + I$，使这个项目的价值等于总的成本（直接成本加上机会成本）。

根据式（3.9）、（3.10）、（3.11）、（3.12），$F(V)$ 应采取以下形式：

$$F(V) = AV^\beta \quad\cdots\cdots \quad (3.13)$$

将式（3.13）代入到式（3.9），得到：

$$\frac{1}{2}\sigma^2\beta(\beta-1) + (r-\delta)\beta - r = 0 \quad\cdots\cdots\quad (3.14)$$

β 的两个根分别为：

$$\beta_1 = \frac{1}{2} - (r-\delta)/\sigma^2 + \sqrt{\left[(r-\delta)/\sigma^2 - \frac{1}{2}\right]^2 + 2r/\sigma^2} > 1 ;$$

$$\beta_2 = \frac{1}{2} - (r-\delta)/\sigma^2 - \sqrt{\left[(r-\delta)/\sigma^2 - \frac{1}{2}\right]^2 + 2r/\sigma^2} < 0 ;$$

所以等式（3.9）解的一般表达式为 $F(V) = A_1 V^{\beta_1} + A_2 V^{\beta_2}$；

由条件式（3.10）可知，A_2 应该为 0。因此，$F(V) = AV^{\beta_1}$；

我们依次可以计算出 V^* 和 A 的取值：

$$V^* = \frac{\beta_1}{\beta_1 - 1}I \quad\cdots\cdots\quad (3.15)$$

$$A = \frac{V^* - I}{V^{*\beta_1}} = \frac{(\beta_1 - 1)^{\beta_1 - 1}}{(\beta_1)^{\beta_1} I^{\beta_1 - 1}} \quad\cdots\cdots\quad (3.16)$$

一旦 $V \geq V^*$，投资者就应该立即投资，此时 $F(V) = V - I$，即这个投资机会的价值为 $V - I$。

二　实物期权价值及投资时机的影响因素

下面看一下 $F(V)$ 以及 V^* 的影响因素。由 $F(V)$ 的表达式可以看出，在 V 一定的情况下，$F(V)$ 的值主要受到 σ、δ、r 的影响。

σ 越大，则 $F(V)$ 的价值就越大，V^* 就越大，进而投资时机就越靠后，如图 3.1 所示。未来的不确定性越大，企业所拥有的投资机会的价值就越大，但是正因为这个原因，现实的投资将会减少。因此，即使企业减少投资，企业的市场价值（企业的市场价值可以看作是各种投资机会所能带来的价值）也将增加。同时，V^* 也会随着 σ 的增大而急剧上升。无论 $F(V)$ 的变化还是 V^* 的变化都说明了，随着不确定性的增加，企业更倾向于延迟投资。

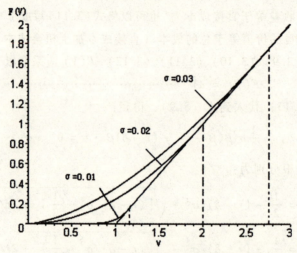

图 3.1　不确定性对投资时机的影响

δ 越大，$F(V)$ 价值就越小，从而 V^* 也变小，进而投资时机就越提前，如图 3.2 所示。原因如下，δ 越大（除了 a 以外，其他因素保持不变），V 的预期收益率 a 变小，一方面 V 的价值增值变小，另一方面持有期权的机会成本变大，从而使持有期权不具有吸引力。

r 越大，$F(V)$ 就越大，V^* 也越大，从而投资时机就越靠后，如图 3.3 所示。原因如下，若在时间 T 进行投资，直接投资成本 I 的现值为 Ie^{-rT}，而该投资所带来的回报的净现值为 $Ve^{aT}e^{-uT} = Ve^{(a-u)T} = Ve^{-\delta T}$。如果 δ 不变，r 提高，将降低投资成本的现值，而不会降低该项目所带来的回报，因此，提高了企业投资期权的价值。这也导致该类期权执行的数量变少。因此，提高利率降低投资，但是与标准模型相比，是出于不同的原因。在传统的模型里，利率提高，增加了投资的成本，从而减少了投资。这里投资的减少是因为利率提高导致期权价值增加。

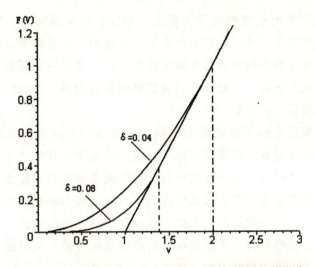

图 3.2　立即投资所获得的当期现金流对投资时机的影响

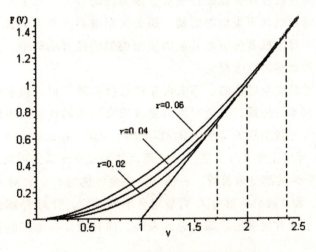

图 3.3　无风险利率对投资时机的影响

以上分析的前提是投资是完全不可逆的，并且投资是可以无限推延的。

如果投资不是完全不可逆的，而是部分可逆的，情况应该是怎样呢？投资若可逆必须满足两个条件：一是企业必须能够完全恢复它投入的物理性资产，如土地、机器设备等。这些资产的可逆性依赖于它们在市场上的交易能力，那些不会折旧的投资、有很多用处的投资，或者可以在有效的二级市场上交易的投资的可逆性较大。相反，那些投向一些特定的并且很少有其他用途资产的投资相对来讲是不可逆的，或者投资的资产进行交易的二级市场不够有效或者根本就无法在二级市场进行交易的投资，其不可逆性也是比较强的。二是企业必须能够恢复它所投入的无形资产，或者阻止这些无形资产的扩散。

可逆程度还受到不确定性的影响。这里波动要区分为来源于企业自身，还是来源于行业。如果是来源于行业，就意味着其他企业也受到同样的影响。波动性很大，意味着损失的可能性或者损失的程度也会很大，如果整个行业都是如此，那么就会使得该企业的回收面临很大的困难。整个行业都亏损，有能力收购的企业少；另外整个行业都在亏损，收购过来可能还是亏损，这样别的企业愿意收购的意愿是很低的，从而使得回收时损失非常大，进而可逆程度大大下降。

可逆程度还跟投资企业是否还从事该类活动有关。对于一个跨国公司来讲，如果母国也从事类似的活动，那么在东道国经营不下去，还可以把部分资产用于母国或者母国在其他国家相类似的经营活动中，从而避免在外部市场上所面临的巨大损失。

如果投资是完全可逆的，那么现在进行投资就不存在机会成本，因为将来如果状况不好的话，完全可以恢复成投资以前的状况，因此不存在机会成本。那么等待期权的价值为 0，即 $F(V) = 0$。在投资完全不可逆的情况下，$F(V)$ 可以按照上述方法求出。那么如果投资是部分可逆的话，就可以将投入 I 分为两部分来看待，一部分是完全可逆的 I_1，针对 I_1 部分的期权价值为 0；而 I 的另一部分 I_2 则是完全不可逆的，针对 I_2 部分的期权价值可以根据上述方法求出。那么总的来讲，拥有可以在未来的某个时刻投资 I 的权利的价值就是根据 I_2 计算出来的价值。假设 $\dfrac{I_2}{I} = q(q \leqslant 1)$，$I_2$ 所带来的项目的价值为 qV，根据公式（3.13）、（3.15）、（3.16），可得期权的价值 $F(q) = qF(V)$。因此，q 值越大，期权的价值就越大。即投资项目越是不可逆，现在投资的机会成本就越大，就越倾向于延迟投资。

如果投资不是可以无限延迟的，而是有一定期限的，那么情况又将如何呢？有的投资是不能延迟的，比如替换性投资，企业必须立即替换必要的资产，而不能等待。另外，投资机会只能在一定的期限内才有效，过了这段时间，就失去了投资机会，比如专利到期，或者由于竞争者的存在而使投资者可以驻足观望的时间变短。这就相当于到期期限对美式看涨期权价值的影响。当期权的有效期限增加时，美式看涨期权的价值就会增加。为了说明这一点，考虑其他条件相同，但只是到期日不同的两个期权，则有效期长的期权其执行的机会不仅包含了有效期短的那个期权的所有执行机会，而且它的获利机会更多。因此有效期长的期权的价值总是大于或等于有效期短的期权价值。

总而言之，延迟投资期权的价值，或者说是可以延迟的这样一个投资机会的价值，就是现在进行投资的机会成本。因此，这样的机会成本越大，现在进行投资的可能性就越小，就越有可能延迟投资。我们可以得出这样的结论，项目未来收益的不确定性越大，企业越倾向于延迟投资；项目的现金流越小，企业越倾向于延迟投资；无风险利率越大，企业越倾向于延迟投资；投资越是不可逆，企业越倾向于延迟投资；企业进行投资的可延迟能力越大，企业越倾向于延迟投资。

第四节　本章小结

实物期权是金融上的期权思想在实物投资领域中的应用。实物期权可分为延迟期权、成长期权、序列投资期权等。根据不确定性的性质，可从二个角度分析实物期权对净现值法则的修正，并可对众多的实物期权归类。传统的实物期权的定价目标是要利用期权定价的思想得到一个最佳的投资时机，本书是通过找到一个项目价值 V 的临界值 V^* 来代替，一旦 $V > V^*$，则企业进行投资，否则企业不投资，而是等待。相应的投资时机所受到的各种影响因素的影响如下：项目未来收益的不确定性越大，企业越倾向于延迟投资；项目的现金流越小，企业越倾向于延迟投资；无风险利率越大，企业越倾向于延迟投资；投资越是不可逆，企业越倾向于延迟投资；企业进行投资的可延迟能力越大，企业越倾向于延迟投资。

第四章　期权博弈扩展模型

传统的实物期权理论不考虑竞争者的影响，表现为市场上只有一个进入者。但很多市场的潜在进入者都比较多。在银行业市场，通常表现为寡头垄断的市场结构特征，这就不得不考虑其他竞争者对银行进入时机的影响。期权博弈将实物期权与博弈论结合起来，研究不确定环境中理性参与人之间的策略性投资问题。迪克西特和平迪克（1994）的期权博弈模型是早期的经典模型，是在完全信息条件下期权博弈模型的工作母机，很多学者对该模型进行扩展。本章也将从不同的角度对该模型进行扩展。首先对该模型原有的结论进一步延伸；其次，该模型没有考虑先动优势，没有区分企业是否同质，引入这两点，本章重新构建模型。

第一节　经典期权博弈模型

一　迪克西特和平迪克（1994）模型简介[①]

假设有两家企业，每家有生产 1 单位产出流的能力，沉淀成本为 I，生产中没有可变成本。并且该产业的需求有充分的弹性来确保生产能力。这样，产业的产出为 0、1、2，取决于处于生产中的企业数量。需求函数为 $P = YD(Q)$，其中 Y 为产业内冲击（也可以简单地认为是市场状况），服从几何布朗运动 $dY = aYdt + \sigma Ydz$。

下面考虑这样一个博弈模型，一企业为领先者，另一企业为追随者。领先者不会晚于追随者进入；追随者不会早于领先者进入。即如果追随者进入，则领先者肯定已经进入。如果领先者不进入，则追随者也没有

[①]　本部分简单介绍该模型，省略了推导，具体推导可参见 Dixit, Pindyck, *Investment under Uncertainty*, New Jersey: Princeton University Press, 1994, pp. 309 – 313。

进入。

1. 追随者价值

根据迪克西特和平迪克（1994）的推导，追随者投资的临界值 Y_2 满足：$Y_2D(2) = \dfrac{\beta_1}{\beta_1 - 1}\delta I$，其中 $\beta_1 = \dfrac{1}{2} - (r - \delta)/\sigma^2 + \sqrt{[(r - \delta)/\sigma^2 - \dfrac{1}{2}]^2 + 2r/\sigma^2}$，$r$ 为无风险利率，δ 为一旦进行投资所能获得的当期现金流（类似于股票的红利）。即如果 $Y \geq Y_2$，追随者立即投资；如果 $Y < Y_2$，则追随者等待而不投资，即持有投资机会，直到临界值第一次达到才投资。追随者的价值可表示为：

$$V_2(Y) = \begin{cases} \dfrac{YD(2)}{\delta}I \ldots\ldots\ldots\ldots Y \geq Y_2 \\ (\dfrac{Y}{Y_2})^{\beta_1}[\dfrac{Y_2D(2)}{\delta} - I] \ldots\ldots Y < Y_2 \end{cases} \qquad\ldots\ldots\ldots\ldots\ldots (4.1)$$

2. 领先者价值

如果 $Y \geq Y_2$，追随者立即投资，即二者同时投资，领先者的利润也是 $YD(2)$。如果 $Y < Y_2$，追随者将等待（直到临界值达到 Y_2 追随者投资），领先者将会有较大的利润流 $YD(1)$，即在追随者进入之前，获得垄断利润。领先者立即投资的利润流的期望值为：$E\Big[\displaystyle\int_0^T e^{-rT}YD(1)\,dt\Big] + \varepsilon[e^{-rT}]\dfrac{Y_2D(2)}{\delta} - I$。其中时间 T 表示追随者进入的时点。该期望值包括两部分，一部分是市场上只有领先者，从而领先者获得垄断利润的这一时间段里的利润流期望值，另一部分是追随者进入后，市场上有两个生产厂商的情况下，领先者的利润流期望值。

领先者的价值可表示为：

$$V_1(Y) = \begin{cases} \dfrac{YD(2)}{\delta} - I \ldots\ldots\ldots\ldots\ldots\ldots\ldots\ldots Y \geq Y_2 \\ (\dfrac{1}{\delta})YD(1)[1 - (\dfrac{Y}{Y_2})^{\beta_1 - 1}] + (\dfrac{Y}{Y_2})^{\beta_1}\dfrac{Y_2D(2)}{\delta} - I \ldots Y < Y_2 \end{cases}$$
$$\ldots\ldots\ldots\ldots\ldots\ldots\ldots\ldots\ldots\ldots (4.2)$$

假设无论市场处在什么样的状态下追随者都要进行投资，即二者都要投资的价值函数为：$\hat{V} = \dfrac{YD(2)}{\delta} - I$。

二 模型原有结论

图 4.1 反映了两企业的价值。市场状况非常好的时候，两企业都立即进入市场，都不等待。市场状况非常差的时候，两企业都等待。市场状况一般时，一企业进入，另一企业等待。

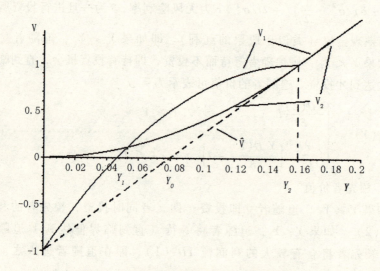

图 4.1 传统模型下领先者、追随者价值

图中，$D(Q) = \dfrac{1}{Q}$，$\delta = 0.04$，$\beta_1 = 2$，$I = 1$；其中 $Y_2 = 0.16$。

当 $Y > Y_2$，此时的市场状况较好，追随者愿意进入，领先者肯定已经进入，即二者同时投资。这是经济一片大好的情形，对该产品有旺盛的需求，或者说愿意支付很高的价格，哪怕是最后一个进入的企业，都可以盈利。

在 $Y < Y_1$ 处，二者都不投资。因为，在 $Y < Y_1$ 时，领先者若投资，其项目的价值不如追随者大，所以领先者此刻不投资。原因可能是此时市场价格太低，要达到较高的价格水平，存在的不确定性太大了，使领先者宁可不要垄断利润，也要像追随者那样等待，等市场状况变得更明朗后，再决定是否进行投资。

在 $Y_1 < Y < Y_2$ 处，领先者投资、追随者等待。此处并没有规定谁是领先者谁是追随者。谁都可以成为领先者，但是一旦有企业进行投资从而成

为领先者后，那么另外一家就自然不再争领先者的地位，而成为等待者。但是从图 4.1 中可以看出，在 $Y_1 < Y < Y_2$ 处，领先者的价值大于追随者的价值，所以成为领先者会更为有利。因此二者在此处都可能会争取领先者的地位。

三 模型推论

1. 与完全垄断的情况相比，企业进入的时机大大提前

若市场上只有一个垄断者，一旦进入，他面临的价格为 $YD(1)$。其价值可表示为：

$$V_0(Y) = \begin{cases} \dfrac{YD(1)}{\delta} - I \ldots\ldots\ldots\ldots\ldots\ldots\ldots\ldots Y \geq Y_0 \\[2mm] \left(\dfrac{Y}{Y_0}\right)^{\beta_1}\left[\dfrac{Y_2 D(1)}{\delta} - I\right] \ldots\ldots\ldots\ldots Y < Y_0 \end{cases} \ldots\ldots\ldots (4.3)$$

它的投资临界值 Y_0 满足：$Y_0 D(1) = \dfrac{\beta_1}{\beta_1 - 1}\delta I$。仍假设 $D(Q) = \dfrac{1}{Q}, \delta = 0.04, \beta_1 = 2, I = 1$，可计算出 $Y_0 = 0.08$。

下面将垄断者的价值函数与寡头垄断中领先者、追随者的价值函数进行比较，如图 4.2 所示。

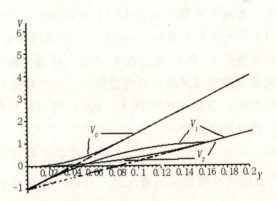

图 4.2 领先者、追随者模型与垄断者模型比较

图中，$D(Q) = \dfrac{1}{Q}, \delta = 0.04, \beta_1 = 2, I = 1$；其中 $Y_2 = 0.16, Y_0 = 0.08$。

Y_0 小于 Y_1，说明在垄断情况下，垄断者进入的时机要晚于在寡头垄断

下的领先者。考虑到追随者进入后，价格将下跌，领先者所能获得的价值小于垄断者所能获得的价值。仅就这一点来讲，领先者进入时机应该要晚于垄断者进入的时机，因为考虑到将来收益不如垄断者的多，所以他要等到市场状况达到一个大于垄断者临界值的情况下，才有可能投资。但是如果他不是领先者，就会沦为追随者，而追随者的利润将大大下降。这使得他在决策的时候，不能依据他与垄断者相比的情况，而应该依据与追随者利润相比的情况，只要他的利润大于追随者，他就应该进行投资，这使得领先者的进入时机大大提前，以至于早于垄断者进入的时机。

　　该结论有着重要的理论意义，即对传统 OIL 理论提出了质疑。传统的 OIL 理论，暗含的思想是所有权优势越是明显，则企业越可能进行投资。但是，根据本书的观点，这个结论未必是正确的。如果这个所有权优势是非常独特的，且不容易被复制，极端来讲，这个所有权优势具有垄断性，则这个投资者很可能不会立即投资，而是等待，等情况变得更为明朗，市场状况变得更好的时候再进行投资。而如果这个所有权优势的垄断性不是那么强，极易被复制，或者说竞争对手同样拥有该所有权优势，则投资者可能会急于进行投资，以获得优于追随者的境况。

　　2. 所进入市场竞争越激烈，则企业越倾向于延迟进入

　　假设 $D(2)$ 数值不变，则追随者的价值函数不变，进入时机也不变。对于领先者来讲，他进入市场后获得 $D(1)$ 利润的时间不变。他的利润情况就取决于 $D(1)$ 的大小，如果 $D(1)$ 变大，它的利润将变大，V_1 在图形上表现为上移，这会使得 V_1 与 V_2 的交点 Y_1 变小，从而使领先者进入的时机提前。由于领先者预期到将来的利润流要提高，从而使他可以在市场状况相对更差的时候进入。相反，如果 $D(1)$ 变小，则情况相反。即 Y_1 变大，从而领先者进入的时机会延迟。

　　极端地来看，如果 $D(1) = D(2)$，领先者若立即投资后，其价值为 $\dfrac{YD(2)}{\delta} - I$，与追随者立即投资的情况是一样的。在这样的情况下，领先者也会一直等到 Y_2 处再投资。在市场状况达到 Y_2 之前，领先者立即投资的价值显然小于追随者等待的价值，领先者是不会投资的，追随者也不会投资，即二者都等待。因此，总的情况是，如果 $Y \geq Y_2$，则二者都投资，否则二者都不投资。没有一企业投资而另一企业不投资的情况。在这种情况下，可以不考虑领先者、追随者的区别，二者都可以利用传统的实物期权

方法考虑其市场进入的时机问题。

影响 $D(1)$ 与 $D(2)$ 之间差额的一个重要因素是所要进入市场的竞争程度。需求曲线一般都表现为随着需求数量的增加，需求的价格弹性越大。图形上表现为，随着需求数量的增加，需求曲线越来越平坦。

市场在位者越多，竞争越激烈，意味着供给越多，总供给曲线越往右靠。在总供给曲线比较靠右的情况下，再进入一个企业或者再进入两个企业，价格的变化是比较小的。因此，在这种情况下，$D(1)$ 与 $D(2)$ 的区别是很小的。这导致领先者先入的动力不足。

反之，如果市场的在位者少从而供给少，此时进入一个企业与进入两个企业相比，价格的波动程度要大些，领先者更有动力提前进入。

3. 不确定性、可逆程度、当前现金流对进入时机的影响不确定

不确定性增大，会使得追随者等待的价值变大，投资的临界值 Y_2 变大，表现为追随者价值曲线 V_2 的上移，投资时机的推后。由于投资时机的推后，领先者获得垄断利润的时间拉长，从而使得领先者的投资价值曲线 V_1 的上移。由于追随者、领先者的价值曲线都上移，领先者与追随者价值曲线的交点 Y_1 到底是变大变小，难以确定，变大变小还同时取决于其他参数的情况。如果 $D(1)$ 与 $D(2)$ 的差距很大，则对于领先者而言，垄断时间的延长是具有很重要的意义的，从而可能导致 V_1 曲线上升的幅度足够大，以至于使其投资的临界值 Y_1 变小，从而使领先者投资的时机提前。如果 $D(1)$ 与 $D(2)$ 的差距不是很大，则领先者投资的时机可能会延后。总之，不确定性变大，会使得追随者的投资时机延后，但是领先者的投资时机的变化不确定。不确定性变小，会使得追随者的投资时机提前，但是领先者的投资时机的变化也不确定。

可逆程度的影响与不确定性的影响是类似的。投资的可逆程度增加，减小了等待的价值，表现为追随者价值曲线 V_2 的下移。等待变得不是那么有意义，从而使得追随者投资提前。追随者投资提前，使得领先者获得垄断利润的时间变短，从而领先者投资的价值下降，表现为其价值曲线 V_1 的下移。领先者与追随者价值曲线的同时下移也使得 Y_1 变大变小不确定。同样的，$D(1)$ 与 $D(2)$ 的差距会影响到领先者投资时机的选择，其分析与不确定性的影响是类似的，此处不再做分析。总的来讲，投资的可逆程度增加，追随者投资提前，领先者投资时机的变化难以确定。投资的可逆程度减少，追随者投资延后，领先者投资时机的变化不确定。

δ 变大，使追随者等待的机会成本增加，从而追随者会提前投资。表现为 V_2 曲线下移，以及 Y_2 变小。对于领先者而言，δ 变大，表示立即投资所能获得的现金流变大，从而 V_1 数值变大。但是，追随者会提前投资从而使其获得垄断利润的时间变短，进而使得 V_1 数值变小。总的来讲，V_1 变大变小不确定，从而领先者是否提前投资也是不确定的。同样的，$D(1)$ 与 $D(2)$ 的差距也会影响到领先者投资时机的选择，其分析与不确定性的影响是类似的，此处也不再做分析。总之，δ 变大，追随者提前投资，但是领先者是否提前投资也是不确定的。δ 变小，追随者延迟投资，但是领先者是否提前投资也是不确定的。

第二节　加入先动优势后，领先者与追随者
同质的期权博弈模型

迪克西特和平迪克（1994）考虑到的先动优势，体现在如果先动则会使追随者较晚进入，从而获得一定时间的垄断地位，即第一类先动优势（有文献将其称为垄断优势），就是图 4.1 中 $Y_1 < Y < Y_2$ 区间，V_1 与 V_2 两条弧线之间的差额。但是，先动优势不仅仅体现为领先者在后进者未进入之前这段时间所获得的垄断利润，还包括追随者进入后领先者与追随者相比的优势，或者说追随者与领先者相比的劣势，即第二类先动优势，有的文献将其称为竞争优势。这种先动优势是迪克西特和平迪克（1994）没有考虑到的，而这种先动优势在银行业体现得非常明显①，本书第七章第二节部分也验证了中国的银行业存在着先动优势。

本书用 ΔC 来表示这种领先者的先动优势，或者说追随者的后动劣势。具体而言，追随者进入市场后，他若以与领先者同样的价格 $YD(2)$ 卖的话，他很可能卖不掉他的 1 单位商品，因为消费者由于转换成本等因素的存在，可能不会去买追随者的商品，除非追随者降低产品的价格，或者说额外多支付一定的促销成本。那么追随者的额外多支付的成本或者在价格上的让利就体现为领先者的先动优势，假设为 ΔC。下面看由于考虑到 ΔC

---

① 在领导者与追随者的博弈中，本书只考虑了先动优势，没有考虑后动优势，这是本书一大缺陷。在未来存在极大不确定性的环境下，后动优势对于一个企业的进入时机也是非常重要的。后动者可以通过观察先动者经营的好坏，来重新调整自己对于市场形势的判断，从而找到更为准确的进入时机。

所带来的变化，追随者与领先者都会更早进行投资，尤其是追随者。

一　模型

领先者与追随者同质，意味着两个企业各方面都是一样的，并没有实力强弱之分。假设领先者、追随者的价值分别用 V_1^*、V_2^* 表示。

1. 当前的状态变量 $Y \geqslant Y_2$

二者同时投资，不存在先动优势的问题。领先者和追随者的价值函数都一样，$V_1^* = V_2^* = V_1 = V_2 = \dfrac{YD(2)}{\delta} - I$，即二者同时投资，不存在 ΔC 的问题。

2. 当前的状态变量 $Y < Y_2$

（1）追随者情况

如果企业现在不投资，则将来他作为追随者投资时所面临的收入就不是 $YD(2)$，而是 $Y(D(2) - \Delta C)$。

假设追随者立即进行投资的临界值为 Y_2^*，Y_2^* 满足 $Y_2^*(D(2) - \Delta C) = \dfrac{\beta_1}{\beta_1 - 1} \delta I$（其推导过程见附录1），并且很容易计算出 $Y_2^* > Y_2$，即考虑到 ΔC 的情况下，由于追随者将来进入时，要多支付一块成本，则追随者在市场状况相对更好、产品价格相对更高的情况下，才会进入。即在领先者已经进入的情况下，追随者进入的时机相比不考虑 ΔC 的要延后。

在领先者已经投资的情况下，如果 $Y \geqslant Y_2^*$，追随者立即投资，将得到价值 $\dfrac{Y(D(2) - \Delta C)}{\delta} - I$；如果 $Y \leqslant Y_2^*$，则追随者等待而不投资，即持有投资机会直到临界值第一次达到才投资。在第一次达到的时刻，其价值为 $\dfrac{Y_2^*(D(2) - \Delta C)}{\delta} - I$。则目前来看，其预期现值为：

$$E[e^{-rT}]\left[\frac{Y_2^*(D(2) - \Delta C)}{\delta} - I\right] = \left(\frac{Y}{Y_2^*}\right)^{\beta_1}\left[\frac{Y_2^*(D(2) - \Delta C)}{\delta} - I\right]$$

式中 T 表示 Y 从目前达到 Y_2^* 的第一时刻。对于 $E[e^{-rT}]$ 的计算可参考文献（迪克西特和平迪克，1994：295）。

在领先者没有先行投资的情况下，如果目前的状态变量 $Y \geqslant Y_2^*$，由于 $Y_2^* \geqslant Y_2$，则 $Y \geqslant Y_2$。在 $Y \geqslant Y_2$ 的时候，二者同时投资，不存在先动优

势问题。所以如果 $Y \geqslant Y_2^*$ ，追随者的价值不是 $\dfrac{Y(D(2) - \Delta C)}{\delta} - I$ ，而是

$\dfrac{YD(2)}{\delta} - I$ 。如果当前的状态是 $Y < Y_2$ ，假设追随者不进入（此处，追随者还面临着一种选择，即立即投资。追随者选择立即进入还是延迟进入，需要比较这两种情况哪种更为有利，为了方便表述，本小节暂时不考虑立即投资的这种选择，其后的第四小节将讨论这个问题），则将来他面临着一个额外成本 ΔC 。则他的价值为 $\left(\dfrac{Y}{Y_2^*}\right)^{\beta_1} \left[\dfrac{Y_2^*(D(2) - \Delta C)}{\delta} - I\right]$ 。总的来看追随者的价值可初步表示为：

$$V_2^*(Y) = \begin{cases} \dfrac{YD(2)}{\delta} - I. \ldots\ldots\ldots\ldots\ldots\ldots\ldots\ldots Y \geqslant Y_2 \\[4mm] \left(\dfrac{Y}{Y_2^*}\right)^{\beta_1} \left[\dfrac{Y_2^*(D(2) - \Delta C)}{\delta} - I\right]. \ldots Y < Y_2 \end{cases} \quad \cdots\cdots\cdots \ (4.4)$$

式中 Y_2^* 满足：$Y_2^*(D(2) - \Delta C) = \dfrac{\beta_1}{\beta_1 - 1} \delta I$ 。

（2）领先者情况

领先者立即投资的利润流的期望值[①]为：

$$E\left[\int_0^T e^{-rT} YD(1)\, dt\right] + E\left[e^{-rT}\right] \dfrac{Y_2^* D(2)}{\delta} - I = \dfrac{1}{\delta} YD(1)\left[1 - \left(\dfrac{Y}{Y_2^*}\right)_1^{\beta} - 1\right] +$$

$$\left(\dfrac{Y}{Y_2^*}\right)^{\beta_1} \dfrac{Y_2^* D(2)}{\delta} - I$$

其中，T 为状态变量达到 Y_2^* 时的第一时刻。$E\left[\int_0^T e^{-rT} YD(1)\, dt\right]$ 表示在追随者进入之前，领先者获得垄断收入的现值；$E\left[e^{-rT}\right] \dfrac{Y_2^* D(2)}{\delta}$ 表示追随者进入后，领先者获得收入流的现值。追随者进入的时机是当状态变量达到 Y_2^* 的时刻。当追随者进入后，领先者面临的价格是 $Y_2^* D(2)$ ，而不是 $Y_2^*(D(2) - \Delta C)$ ，领先者并不需要多支付额外的成本。由于在考虑到 ΔC

[①] $E\left[\int_0^T e^{-rT} Y dt\right], E\left[e^{-rT}\right]$ 的计算请见文献（Dixit, Pindyck, *Investment under Uncertainty*, New Jersey: Princeton University Press, 1994, p.295），正文中只列出结果。

后，追随者进入的时机延后，即 T 变大，也就是领先者获得垄断利润的时间变长，这会促使领先者立即投资的利润流的现值增加。

总的来看，领先者的价值可初步表述为：

$$V_1^*(Y) = \begin{cases} \dfrac{YD(2)}{\delta} - I \dotfill Y \geqslant Y_2 \\ \dfrac{1}{\delta}YD(1)\left[1 - \left(\dfrac{Y}{Y_2^*}\right)^{\beta_1-1}\right] + \left(\dfrac{Y}{Y_2^*}\right)^{\beta_1}\dfrac{Y_2^* D(2)}{\delta} - I \dots Y < Y_2 \end{cases}$$

$$\dotfill (4.5)$$

式中 Y_2^* 满足：$Y_2^*(D(2) - \Delta C) = \dfrac{\beta_1}{\beta_1 - 1}\delta I$。

3. 初步结论

领先者与追随者的价值函数分别如图 4.3 实线部分所示。

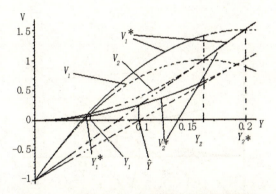

图 4.3 同质领先者、追随者价值的初步表述

图中，$D(Q) = \dfrac{1}{Q}$，$\delta = 0.04$，$\beta_1 = 2$，$I = 1$，$\Delta C = 0.1$。

在到达 Y_2 之后，二者同时投资；Y_1^* 到 Y_2 之间，领先者投资，而追随者等待。但是 Y_1^* 要略微小于 Y_1，说明考虑到追随者将要承担的额外成本，领先者会相对提前投资。原因在于，追随者由于要承担额外成本，从而使得追随者更加谨慎，需要市场条件更好一些（$Y_2^* > Y_2$）才有可能进行投资。领先者因此而获得垄断利润的时间相对更长些，所以即使目前价格稍微低些（$Y_1^* < Y_1$），也是可以进入的。

4. 进一步考虑"追随者立即投资"

但是再仔细观察一下图 4.3，发现到此还不是最终的均衡，上文中"到达 Y_2 才同时投资的结论"是不对的。

考虑这样一种情况，追随者无论在什么情况下，都立即投资。追随者面临的价值函数为 $\hat{V} = \dfrac{YD(2)}{\delta} - I$。

其图形为图 4.4 中的斜的实直线。这条线与 V_2^* 相交于 $\hat{Y}$，$\hat{Y} < Y_2$。在 $\hat{Y} < Y < Y_2$ 的区域内，$\hat{V} > V_2^*$，这意味着，追随者等待不如立即进入。很显然在这个区域内，追随者不等待，而是立即进入。这样二者同时进入的时机大大提前，远远小于 Y_2。通俗地讲就是这样一种情况，如果没有先动优势，那么追随者会等到 Y_2 才进行投资。但是如果有了先动优势，虽然在达到 Y_2 之前就投资不是很好的选择，但是总比延迟投资从而将来要多花额外成本的好。

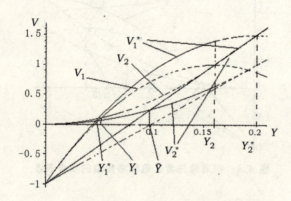

图 4.4　同质领先者、追随者价值的进一步表述

图中，$D(Q) = \dfrac{1}{Q}, \delta = 0.04, \beta_1 = 2, I = 1, \Delta C = 0.1$。

因此追随者的价值函数最终为：

$$V_2^*(Y) = \begin{cases} \dfrac{YD(2)}{\delta} - I \dots\dots\dots\dots\dots\dots\dots\dots Y \geqslant \hat{Y} \\[2mm] \left(\dfrac{Y}{Y_2^*}\right)^{\beta_1} \left[\dfrac{Y_2^*(D(2) - \Delta C)}{\delta} - I\right] \dots\dots Y < \hat{Y} \end{cases}$$

$$\dots\dots\dots\dots\dots\dots\dots\dots\dots\dots\dots\dots\dots\dots\dots\dots (4.6)$$

其中 Y_2^* 满足: $Y_2^*(D(2) - \Delta C) = \dfrac{\beta_1}{\beta_1 - 1}\delta I$;

$\hat{Y}$ 满足: $(\dfrac{\hat{Y}}{Y_2^*})^{\beta_1}[\dfrac{Y_2^*(D(2) - \Delta C)}{\delta} - I] = \dfrac{\hat{Y}D(2)}{\delta} - I$。

领先者的价值函数最终为:

$$V_1^*(Y) = \begin{cases} \dfrac{YD(2)}{\delta} - I \dots\dots\dots Y \geqslant \hat{Y} \\ \dfrac{1}{\delta}YD(1)[1 - (\dfrac{Y}{Y_2^*})^{\beta_1-1}] + (\dfrac{Y}{Y_2^*})^{\beta_1}\dfrac{Y_2^*D(2)}{\delta} - I \dots Y < \hat{Y} \end{cases}$$

$$\dots\dots\dots\dots\dots\dots\dots\dots\dots\dots\dots\dots\dots\dots (4.7)$$

其中 Y_2^* 满足: $Y_2^*(D(2) - \Delta C) = \dfrac{\beta_1}{\beta_1 - 1}\delta I$;

$\hat{Y}$ 满足: $(\dfrac{\hat{Y}}{Y_2^*})^{\beta_1}[\dfrac{Y_2^*(D(2) - \Delta C)}{\delta} - I] = \dfrac{\hat{Y}D(2)}{\delta} - I$。

领先者、追随者的最终价值如图 4.5 所示。在图中 $\hat{Y}$ 处, 在 $\hat{Y}$ 之前与之后极小的范围内, V_1^* 与 $\hat{V}$ 数值差距很大。这是由于本书的假设与现实有一定出入。本书假设只要领先者先动, 不管比追随者先入的时间为多少, 都会使后入者产生 ΔC 的额外成本, 从而使得在距离 $\hat{Y}$ 很近的时刻, 二者之间的差别如此之大。符合现实的假设应该是, 在距离 $\hat{Y}$ 很近的时刻, ΔC 也应该会近似为 0, 从而使得 V_1^* 与 $\hat{V}$ 基本上一致。所以比较符合现实的假设是, 使得额外成本为 $\Delta C \times t$, t 为追随者进入与领先者进入的时间差。若是几乎同时进入则额外成本也几乎为 0, 这是本书没能做到的。

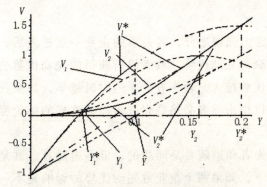

图 4.5 同质领先者、追随者最终价值

图中，$D(Q) = \dfrac{1}{Q}, \delta = 0.04, \beta_1 = 2, I = 1, \Delta C = 0.1$。

二　结论

1. 考虑到先动优势，追随者的进入时机不仅没有延后，反而提前；领先者的进入时机也提前。

2. 先动优势越大，领先者进入的时机及同时进入的时机就越提前。

ΔC 越大，则领先者可能提前的程度就越大。原因在于，先动优势程度越高，追随者所面临的进入壁垒程度就越高，从而进入的时机越迟，图上表现为 V_2^* 曲线下移，切点 Y_2^* 靠右，而交点 $\hat{Y}$ 左移，即二者同时进入的时机提前；而领先者能够获得垄断利润的时间就越长，V_1^* 曲线上移，从而交点 Y_1^* 左移，领先者进入的时机提前。

同时，由于 ΔC 变大，追随者的价值曲线 V_2^* 下移，V_2^* 曲线与 $\hat{V}$ 曲线的交点 $\hat{Y}$ 就越小，从而追随者进入的时机，即二者同时进入的时机提前。

3. 一旦领先者进入，领先者就会尽可能地扩大先动优势。

从追随者的价值曲线可以看出，在领先者已经进入的情况下，ΔC 越大，会使得追随者进入的时机推后，表现为 Y_2^* 变大，从而使得领先者获得垄断利润的时间延长，从而获得更高的价值。

第三节　加入先动优势后，领先者与追随者
异质的期权博弈模型

一　模型

企业往往有实力强弱之分，实力强的企业一旦进入后，往往会比实力弱的企业更容易获得先动优势，或者说所获得的先动优势会更大些。根据上述分析，先动优势越大，领先者进入的时机越早。如果仅考虑先动优势的区别，是否可以得出强者必然会先进入市场这样的结论呢？下面详细分析这个问题。

上文假设领先者和追随者是同质的，谁是追随者、谁是领先者也是随机的。下面看一下，如果两个企业对先动优势的影响是不一样的，进入次序又如何。

假设该两个企业一个为实力雄厚者，一个为实力较弱者。实力雄厚者一旦先进入，将会使得先动优势为 ΔC_1。实力较弱者如果先进入的话，会使得先动优势为 ΔC_2。假设 $\Delta C_1 > \Delta C_2$，原因如下：

（1）大企业更有实力获得客户的认同。实力雄厚的大企业更具有品牌效应；可以投入更多的资金做广告，从而使得更多的客户了解它。

（2）大企业更可能获得规模经济优势。实力雄厚的大企业更可能做大规模的投资，从而具有规模经济优势，使弱追随者需要花费更多的额外成本，或者面临的劣势更大。

（3）实力雄厚的大企业更可能获得稳定的、优惠的货源。

（4）大企业由于科研实力雄厚，往往能在领先的投资中获得更多的信息，从而与弱的后入者相比，具有更大的优势。

假设对于这两个企业而言，ΔC 不同，而模型要涉及的其他各个因素相同。

1. 第一种情况：实力强企业为领先者，实力弱企业为追随者，先动优势为 ΔC_1，若强领先者已经投资，则弱追随者的价值为：

$$V_2^1(Y) = \begin{cases} \dfrac{YD(2)}{\delta} - I \dotfill Y \geqslant \hat{Y}^1 \\[2mm] \left(\dfrac{Y}{Y_2^*}\right)^{\beta_1}\left[\dfrac{Y_2^1(D(2) - \Delta C_1)}{\delta} - I\right] \dotfill Y < \hat{Y}^1 \end{cases} \quad \cdots\cdots (4.8)$$

式中 Y_2^1 满足：$Y_2^1(D(2) - \Delta C_1) = \dfrac{\beta_1}{\beta_1 - 1}\delta I$；

$\hat{Y}^1$ 满足：$\left(\dfrac{\hat{Y}^1}{Y_2^1}\right)^{\beta_1}\left[\dfrac{Y_2^1(D(2) - \Delta C_1)}{\delta} - I\right] = \dfrac{\hat{Y}^1 D(2)}{\delta} - I$。

强领先者立即投资的价值为：

$$V_1^1(Y) = \begin{cases} \dfrac{YD(2)}{\delta} - I \dotfill Y \geqslant \hat{Y}^1 \\[2mm] \dfrac{1}{\delta}YD(1)\left[1 - \left(\dfrac{Y}{Y_2^1}\right)^{\beta_1-1}\right] + \left(\dfrac{Y}{Y_2^1}\right)^{\beta_1}\dfrac{Y_2^1 D(2)}{\delta} - I \dots Y < \hat{Y}^1 \end{cases}$$
$$\dotfill (4.9)$$

式中 Y_2^1 满足：$Y_2^1(D(2) - \Delta C_1) = \dfrac{\beta_1}{\beta_1 - 1}\delta I$；

$\hat{Y}^1$ 满足：$\left(\dfrac{\hat{Y}^1}{Y_2^1}\right)^{\beta_1}\left[\dfrac{Y_2^1(D(2) - \Delta C_1)}{\delta} - I\right] = \dfrac{\hat{Y}^1 D(2)}{\delta} - I$。

2. 第二种情况：弱企业为领先者，强企业为追随者，先动优势为的 ΔC_2，强追随者的价值函数为：

$$V_2^2(Y) = \begin{cases} \dfrac{YD(2)}{\delta} - I \ldots\ldots\ldots\ldots\ldots\ldots\ldots\ldots\ldots Y \geqslant \hat{Y}^2 \\[4mm] \left(\dfrac{Y}{Y_2^*}\right)^{\beta_1}\left[\dfrac{Y_2^2(D(2) - \Delta C_1)}{\delta} - I\right]\ldots\ldots Y < \hat{Y}^2 \end{cases} \quad \cdots\cdots (4.10)$$

式中 Y_2^2 满足：$Y_2^2(D(2) - \Delta C_2) = \dfrac{\beta_1}{\beta_1 - 1}\delta I$；

$\hat{Y}^2$ 满足：$\left(\dfrac{\hat{Y}^2}{Y_2^1}\right)^{\beta_1}\left[\dfrac{Y_2^2(D(2) - \Delta C_2)}{\delta} - I\right] = \dfrac{\hat{Y}^2 D(2)}{\delta} - I$。

弱领先者立即投资的价值为：

$$V_1^2(Y) = \begin{cases} \dfrac{YD(2)}{\delta} - I \ldots\ldots\ldots\ldots\ldots\ldots\ldots\ldots\ldots\ldots\ldots Y \geqslant \hat{Y}^2 \\[4mm] \dfrac{1}{\delta}YD(1)\left[1 - \left(\dfrac{Y}{Y_2^*}\right)^{\beta_1-1}\right] + \left(\dfrac{Y}{Y_2^*}\right)^{\beta_1}\dfrac{Y_2^2 D(2)}{\delta} - I\ldots Y < \hat{Y}^2 \end{cases}$$
$$\cdots\cdots\cdots\cdots\cdots\cdots\cdots\cdots\cdots\cdots\cdots\cdots\cdots\cdots\cdots\cdots (4.11)$$

式中 Y_2^2 满足：$Y_2^2(D(2) - \Delta C_2) = \dfrac{\beta_1}{\beta_1 - 1}\delta I$；

$\hat{Y}^2$ 满足：$\left(\dfrac{\hat{Y}^2}{Y_2^1}\right)^{\beta_1}\left[\dfrac{Y_2^2(D(2) - \Delta C_2)}{\delta} - I\right] = \dfrac{\hat{Y}^2 D(2)}{\delta} - I$。

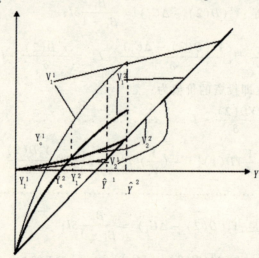

图 4.6　异质领先者、追随者价值

二者同时投资的价值函数为：

$$\hat{V} = \frac{YD(2)}{\delta} - I \cdots\cdots\cdots\cdots\cdots\cdots\cdots\cdots\cdots\cdots\cdots\cdots\cdots (4.12)$$

图 4.6 中，$D(Q) = \frac{1}{Q}, \delta = 0.04, \beta_1 = 2, I = 1, \Delta C_1 = 0.3, \Delta C_2 = 0.1$；$Y_1^1$ 为 V_2^1 与 V_1^1 的交点，Y_C^1 为 V_1^1 与 V_2^2 的交点，Y_C^2 为 V_1^2 与 V_2^1 的交点。

二　结论

根据图 4.6，得出以下结论：

1. 当 $Y \geqslant \hat{Y}^2$，领先者、追随者同时投资。

2. 当 $\hat{Y}^1 < Y < \hat{Y}^2$，弱者先入、强者等待。

如果强者是领先者、弱者是追随者，则弱者会投资，即二者同时投资，二者获得的收益是 $\hat{V} = \frac{YD(2)}{\delta} - I \,|\, (\hat{Y}^1 < Y < \hat{Y}^2)$。如果强者是追随者，弱者是领先者，则弱领先者的收益为 $V_1^2 \,|\, (\hat{Y}^1 < Y < \hat{Y}^2)$，强追随者的收益为 $V_2^2 \,|\, (\hat{Y}^1 < Y < \hat{Y}^2)$。从图中可以看出，$\hat{V} = \frac{YD(2)}{\delta} - I \,|\, (\hat{Y}^1 < Y < \hat{Y}^2)$ 小于 $V_2^2 \,|\, (\hat{Y}^1 < Y < \hat{Y}^2)$，即强者若作为领先者，不如作为追随者的收益高，所以强者愿意做追随者。因此，在该区域内，均衡的情况是弱者是领先者，而强者是追随者。

3. 在区域 $Y_1^2 < Y < \hat{Y}^1$，双方争当领先者，但是一旦有一方为领先者后，另一方就等待。

无论是强者还是弱者，做领先者的价值都大于做追随者的价值，所以他们都会争做领先者。同时，无论是强者还是弱者，当他们作为追随者的时候，等待都比立即投资来得更好一些。所以，双方争当领先者，但是有一方为领先者后，另一方就放弃进入，从而等待。

4. 当 $Y_C^2 < Y < Y_1^2$，双方争做领先者，且不会同时投资。

在该区域内，与在区域 $Y_1^2 < Y < \hat{Y}^1$ 中二者的行为是一样的。依然是无论是强者还是弱者，做领先者的价值都大于做追随者的价值，所以他们会争做领先者。

在领先者和追随者同质的情况下，在这个区域内，是二者都等待的情况。之所以看似图形是一样的，但是结果却不同，其原因如下：

在同质的情况下，一旦领先者立即投资的价值 V_1^* 小于追随者等待的价值 V_2^*，领先者就不会去投资了，因为与其当先入者，不如当追随者来得更好一些，所以他不会先投资。领先者不投资，自然追随者也不会投资，因此在这样的情况下，二者都不投资。

但是当二者异质的时候，情况就不同了。假设领先者为弱者，如果弱领先者不投资，他就会变成追随者，但是他作为追随者的价值函数就不是 V_2^1，而是 V_1^1。从图上可以看出 $V_1^1 > V_2^1$，即弱者投资要比弱者等待的情况好。所以弱者会投资。同样的道理，强者的情况也是投资比等待好。所以二者争当领先者。但是，一旦一方已经投资，另一方就不投资。因为他们知道，如果同时都投资的话，状况会最差。

5. 在 $Y_C^1 < Y < Y_C^2$ 区域，强者先入、弱者等待。

在该区域内，$V_2^1 < V_1^2$，即弱者作为追随者等待要好于其作为领先者进入。所以，弱者会选择等待。同时，如果弱者等待，强者先进入，对于强者而言，也是乐于这样的。因为，$V_1^1 > V_2^2$，即强者作为领先者要优于其作为追随者等待的情况。所以均衡的情况是，强者先入、弱者等待。

6. 在 $Y < Y_C^1$，二者等待。

在该区域内，无论是谁先投资，都不如等待好，所以均衡的情况是二者都不投资，而是等待。

总之，当市场状况很差，即 Y 值很小的时候，二者都等待。二者都认为目前投资的风险太大，等等看比较合适。当市场状况稍微好点的时候，强者先入，由于强者能获得较大的先动优势，使得他有能力在市场状况不好的情况下，敢于进入。而弱者由于能够获得的先动优势小，没有动力先入。当市场状况更好一点的时候，二者都认为进入市场有利可图，于是争先进入，但是由于双方都知道，如果二者都进入的话，则会是两败俱伤，所以当一方进入的时候，另一方就自然选择等待。当市场状况再好些的时候，弱者进入，强者等待。弱者认为不管强者是不是领先者，他都要进入。如果强者不是领先者，那么他就当领先者，如果强者是领先者，他作为追随者也要进入，即知道领先者打算或者已经进入，他还是立即跟着进入，这事实上就是二者同时进入的情况。但是从强者的角度来看，既然弱者铁了心要进入，强者从自身的预期收益来看，与其两者都进入，不如让弱者进入而自己等待来得好些。于是，均衡情况是弱者进入、强者等待。当市场状况变得非常好的时候，无论是谁作为追随者，都认为进入市场是最佳时机，在这样的情况下，二者同时进入。

第四节 本章小结

迪克西特和平迪克（1994）所讨论的期权博弈模型是完全信息下期权博弈模型的工作母机，本书把它称为经典的期权博弈模型。模型原有的结论是市场状况非常差的时候，两企业都等待；市场状况稍好一些时，则二者争当领先者，但是一旦一方成为领先者，另一方就选择等待；市场状况非常好的时候，则二者同时进入。本书对该模型进一步延伸，得出以下推论：（1）与完全垄断的情况相比，企业进入的时机大大提前。（2）所进入市场竞争程度越激烈，则企业越倾向于延迟进入，反之，企业则越倾向于立即进入。（3）不确定性变大，会使得追随者的投资时机延后，但是领先者的投资时机的变化不确定；投资的可逆程度增加，则会使得追随者的投资时机提前，但是领先者的投资时机的变化不确定；当前的现金流变大，会使得追随者的投资时机提前，但是领先者的投资时机的变化不确定。若要确定领先者投资时机，则需要进一步参考市场竞争程度等其他影响因素。

经典的期权博弈模型没有考虑到先动优势，而且也没有区分领先者与追随者是否同质，引入这两点，本书在原模型的基础上，重新构建模型。在领先者与追随者同质的情况下，得出以下结论：（1）考虑到先动优势，无论是领先者的进入时机还是二者同时进入时机都有所提前。（2）先动优势越大，则领先者进入的时机以及二者同时进入的时机就越提前。（3）一旦领先者进入，领先者就有动力尽可能地扩大先动优势。在领先者与追随者异质的情况下，得出以下结论：当市场状况很差的时候，二者都等待；当市场状况稍微好点的时候，强者先入，弱者等待；当市场状况更好一点的时候，二者争先进入，并且当一方进入的时候，另一方就自然选择等待；当市场状况再好些的时候，弱者进入，强者等待是均衡情况；当市场状况变得非常好的时候，二者同时进入。

如里奥利和萨洛里奥（1996）所言，外资银行进入动机理论往往暗示，实力越强的企业越有可能提前进入。但是，本部分通过两个角度说明这是不一定的。一个角度是"垄断与可延迟程度的关系"。实力越强，往往意味着企业的垄断力越强，从而可延迟程度较高，从而企业越可能延迟投资。另一角度是"异质企业期权博弈"。在一定的市场条件下，弱企业由于害怕将来承担高额的"先动优势"成本，于是无论如何都会立即进入；而强企业根据自身的价值情况，认为当前的时机并不好，与其与弱企业一起进入，不如等待的好。这样就出现了弱企业先进入，而强企业等待的情况。

第五章 实物期权理论应用于外资银行进入时机的可行性与特殊性

外资银行进入（包括机构进入与业务进入）某个国家，与普通的投资一样，也是面临未来不确定的投资机会，可以用实物期权的方法来分析其进入的时机问题。但是外资银行的进入又与普通的投资机会有所不同，银行作为一个特殊的行业，在未来收益不确定性、可延迟程度、可逆程度等方面有其独特的内容。根据实物期权理论，传统的外资银行进入的经典理论面临着一些挑战。

第一节 实物期权理论应用于外资银行进入的可行性说明

一 外资银行进入与期权的类比

外资银行进入某个国家建立机构或者开展业务，也是面临不确定性的投资机会。对于外资银行而言，这个投资机会是一种权利而不是义务。它既可以选择投资于这个国家，也可以不投资；它既可以选择今天投资，也可以选择投资机会消失之前的任何一个时刻进行投资；它既可以选择立即投资，也可以选择等待，等待市场状况变得明确之后再决定是否进行投资。这样一个投资机会，同样也像是一个期权。

我们可以根据表 5—1 来看一下外资银行进入这样一个机会与看涨期权的对比关系。对于这样的外资银行进入机会的价值，可以借用期权的定价方法进行定价，或者利用期权的思想考虑外资银行进入时机的问题。

表5—1　　　　　　　　　外资银行进入与看涨期权的类比

外资银行进入	看涨期权
外资银行机构或者相关业务	标的资产（如股票）
外资银行机构或者相关业务将获得的收益的现值（相当于项目的价值）	标的资产的价格（如股票价格）
建成外资银行机构或者开展相关业务投入成本	执行价格
外资银行进入可以推迟的时间	到期期限
金钱的时间价值	无风险利率
外资银行机构或者相关业务未来收益存在的风险（可能获得收益的波动）	标的资产价值的波动（如股票收益的方差）

二　外资银行进入所可能涉及的实物期权类型

外资银行进入是一个延迟期权。外资银行进入这项权利往往是可以延迟的，并不需要立即执行，因此这是一个延迟期权。

外资银行的进入可以采取不同的方式。比如采取代表处的形式。在中国，外资银行只有设立了代表处之后，才能在规定的时间后建立分行或者子行。设立代表处就是一个延迟期权。设立了代表处之后，就获得了建立分行或者子行的权利而非义务，即市场状况好，可以决定设立分行或者子行，也可以不设立，这同样也是一个实物期权，是一个在延迟期权基础上的成长期权。

同样的合资银行也具有类似的特点。建设合资银行本身是一个延迟期权，但是，建立合资银行之后，却可以获得另外一个期权，就是在市场状况良好的情况下，可以通过各种方式实现对对方股权的购买，从而成为一个独资企业；如果市场状况不好的话，也可以不去收购。是否由一个合资企业变成独资企业，同样也是一个权利而非义务，这也是一个在建立合资银行这样一个延迟期权基础之上的成长期权。

在外资银行将其分支机构建设完成之前，通常不是一瞬间完成的，也可以认为是多次投资才完成的，在每一部分投资完成之后，根据市场的情况，都可以有权利决定下一步是否继续投资下去，或者说这个项目要不要继续建设下去，因此这是一系列期权的融合，这就是序列投资期权。

第二节　外资银行收益的不确定性

外资银行的经营机构建成或者相应业务开展后，与其他的投资一样，未来收益是不确定的，而且这种不确定性更大，从而有必要考虑到决策的弹性。这是实物期权方法充分考虑，而传统的净现值法则所忽略的。外资银行运营的不确定性表现在如下几个方面。

一　需求方面的不确定性

首先看一下金融中介存在的原因，或者说金融中介的功能。格利（Gurley）和肖（Shaw，1956）认为金融中介可以通过"资产转换"的功能来提高借贷双方的交易效率，"资产转换"是金融中介的主要功能。贝斯顿（Benston）和史密斯（Simth，1976）认为金融中介可以降低资金的需求者与供给者之间的交易成本。利兰（Leland）和佩尔（Pyle，1977）认为金融中介存在的主要原因或者说其主要功能在于其可以解决"事前信息不对称"。戴蒙德（Diamond，1984）认为通过金融中介对借款人进行持续的监督可以解决"事后信息不对称"问题。阿伦（Allen）和斯坦特迈洛（Stantomero，1997）认为金融中介具有风险管理的功能，并可以帮助投资者降低参与成本。

从金融中介理论中可以看出，金融中介之所以存在的最根本的原因在于，与不存在金融中介由需求者与供给者直接进行交易相比，它克服了双方存在的一些劣势，节约了成本（包括实际成本、机会成本），增加了收益，从而成为资金供求双方一种主动的选择。

但是无论是哪种功能，都是为了满足资金供给者和资金的需求者（都是银行服务的需求者）一定的需求，从而使得银行有获利的可能，一旦需求者的需求发生变动，就可能使银行的利润受到影响。从而在需求方面，银行未来收益面临着不确定性。

银行为了实现其功能，就不可避免地要涉及对资金的供给者和需求者的密切接触及深入了解。对于外资银行来讲，这方面的了解是不如当地的银行的。因此，在需求方面，外资银行可能面临着更大的不确定性。

二 政策方面的不确定性

政策方面的不确定性体现为政策的出台、调整、失效等方面所带来的不确定性。政府的政策在任何一个国家都有可能发生变化，尤其是在中国这样一个充满变革的国家。

曾明（2005）认为政府政策不确定性产生的原因如下：转轨时期情况多变。中国正处于经济转轨时期，即在由计划模式旧体制转为市场模式新体制的过程中不可避免地会出现政策困顿与制度失范。经济转轨是一种较为激烈的制度变迁过程，在激烈的体制变迁中，面对政策环境的不断变化，政府的政策也会发生变化。信息不充分产生的政府失灵会使政府的政策出现不合理性，会产生经常的政策调整、政策制定和执行的不规范。在政策的制定和执行过程中由于经济人的本性，在权力极大又缺乏监督的情况下，政府干预会产生大量的租金，这事实上也造成不平等的投资环境。

由于政府的政策存在极大的不确定性，从而使得外资银行在未来的需求、成本，甚至将来可能的一些其他投资机会（比如是否能够扩张，是否能从一种分支机构转变为另一种分支机构，是否能够开展新的业务等）都存在极大的不确定性。当地银行也面临同样的问题，但是中资银行却在应对政府的不确定性方面有一定的优势。中资银行对当地各类环境相对熟悉，有更多的机会与当地的官员进行交流，能对未来政策有一定的把握，从而降低了不确定性，进而能提前布局，以增加收益、降低损失。

三 汇率方面的不确定性

外资银行不可避免地要面临汇率不确定性的影响，这是当地银行不用考虑的。对于中国而言，当前的汇率制度为以市场供求为基础的、参考一篮子货币进行调整的、有管理的浮动汇率制，人民币汇率越来越朝着市场化的方向发展，使得汇率可能的波动程度越来越大，从而外资银行在这方面的不确定性增大。

这些不确定性，主要表现为一种外生的不确定性，即不因为外资银行的进入而解决。只有通过时间的推移，才能知道确定的结果。本书对外资银行进入的研究主要是基于外生性的不确定。

总的来讲，从银行业务的需求、所面临的政策、汇率等方面来看，外资银行面临着比中资银行更大的不确定性。

第三节　外资银行进入的不可逆性

外资银行的投资同样是不可逆的，在投资失败进行回收的时候，它很难恢复到未投资之前的状况，以至于好像没有投资从而没有失去投资的机会。因此也需要考虑到一旦现在进行投资的机会成本。

一　不同种类资产的可逆性

外资银行进入会进行各种类型的投入，如建立各类分支机构、雇用人员、打广告、与政府官员搞好关系、树立良好的社会形象，等等。不过总的来看，投入涉及有形资产和无形资产，下面从这两个方面分析投入恢复的可逆程度。

1. 有形资产的恢复

有形资产主要包括土地、一些资本品的投入。这些资产在恢复的时候相对容易一些。因为这些资产可以比较容易地用到其他企业的投入中。当然，这需要一个发达的此类商品的交易市场，哪怕不是直接卖掉这些资产，而是通过被收购的方式回收这些资产，也需要一个发达的市场来提供参考价格以对这些资产进行一个合理的估价。

2. 无形资产的恢复

这些资产要么难以估价，要么不愿意卖掉，从而很难恢复。比如外资银行的品牌，就难以估价。但是，为了树立这个品牌，外资银行可能做了大量的广告。有大量研究表明，金融机构往往会花费大量投资放在广告上面。树立品牌的行为，投入大，但是却难以估价，从而使得此类投资难以恢复。

另外就是一些信息产品也很难恢复。信息产品包括对资金供给者、需求者的了解，各种独特的技术等。银行的主要的投入就在于开发这些信息产品。但是一旦想恢复的时候，却面临着极大的困难。这源于信息产品市场上独特的信息不对称。在进行信息产品交易的时候，为了让买方知道该信息产品的价值，可能就需要将该信息产品呈现于他，但是一旦呈现于他，就会出现信息泄露，因此卖方在买方愿意买之前不愿意将信息产品展现于他。但是不将信息产品展现于买者，那么买者就不知道该信息产品的价值，因此也不愿意给出合理的价格。这就导致这种信息产品在交易的时候出现极大的困难，从而使得此类产品在恢复的时候面临极大的不确定性。

二　不同进入方式的可逆性

外资银行不同的进入方式也会产生不同的可逆性。独资银行与非独资银行所面临的可逆性就有所不同。

独资银行将面临更大的不可逆性。一旦撤资的话，独资银行的名誉损失要大得多。如果非独资银行中，外资比例比较少的话，那么在经营的时候，可能普通的需求者不会知道这个外资银行的存在，就像中国的很多银行有战略投资者一样，普通的投资者很少注意到这个战略投资者是谁。一旦出现撤销机构，对这个外资银行名誉上的损失相对于独资来讲要小得多。另外，非独资的银行还可能完全以一个新的名称出现，这样，当所参股的机构经营不下去的时候，对参股的外资银行的影响相对也是比较弱的。

另外，有的观点认为，为了保护无形资产，外资银行可能更倾向于建立独资银行，而不是合资银行。这说明这类外资银行不希望这些无形资产外泄、被别人模仿。这个原因会导致独资银行的不可逆性更大。原因同上。一旦要退出市场的话，则面临较大的损失。

第四节　外资银行进入的可延迟性

外资银行的投资机会，与其他的投资一样都具有一定的可延迟性。但是这种可延迟的程度还与市场进入的竞争程度有关。如果只有它一个进入者，那么它可延迟的时间是比较长的，它可以选择一个最有利的时机进入。但是，如果潜在的进入者比较多，那么这种进入机会的可延迟性就有所下降。因为它不进入的话，潜在的进入者有可能进入，潜在者的进入有可能会使得它作为晚进入者的利润下降，甚至使它丧失进入的机会，从而使得它有必要比竞争者更早进入市场。随着我国对金融业、对外资银行的逐步开放，越来越多的外资银行有机会进入中国市场中，从而使得在某一时点上，可能的进入者逐步增加，这也使得某一外资银行进入机会的可延迟性下降。

投资的不可逆性、可延迟性、不确定性的共同存在，意味着在外资银行进入领域中有必要利用实物期权的思想。如果不存在不确定性，就不必考虑投资决策的灵活性，传统的净现值法则适用。如果投资是不可延迟的，也不需要考虑现在进行投资的机会成本，传统的净现值法则适用。如果投资是完全可逆的，当市场状况不好的时候，立即恢复到未投资之前的状况，那么也没有丧失投资机会，传统的净现值法则适用。在这样一个不可逆的、可推迟的、存在不确定性的外资银行进入时机问题上，实物期权理论是合适的。

第五节　实物期权理论对外资银行进入动机理论的挑战

鉴于主要的跨国银行投资的动因理论还局限于国际投资的 OIL 理论的框架下，本书主要是根据这个框架来分析实物期权与该理论的背离与契合。如里奥利和萨洛里奥（1996）所言，该框架在使用时暗含一个假设，那就是这些优势越明显，外资银行就越可能进行投资，从而进入的时机也可能越提前。优萨基和维京斯基（1992）认为那些具有最强优势的银行将会首先进行对外直接投资，原因在于与那些竞争优势差一些的银行相比，这类银行可以从国际化行为中获得更高的收益。但是当考虑到所面临的环境具有较大的不确定时，这个结论可能就过于简单了，即从实物期权的角度来分析的话，却未必如此（本小节主要从传统的实物期权理论角度对传统的"外资银行动机理论"进行挑战，事实上本书的第四章第三、四节还从期权博弈的角度分析"外资银行进入动机"理论的缺陷，即在一定市场状况下，弱银行先入、强银行等待也是可能的，在此不再赘述）。

国际生产折中理论的三大优势使银行通过对外建立分支机构或开展相关业务时可以获得较高的现金流，在本书的实物期权模型里，意味着 δ 较大，从而实物期权的价值就较小，外资银行倾向于立即进入。但是影响实物期权价值的因素不仅有 δ，还有波动性、投资的可逆程度、可延迟程度等。这三个因素中的所有权优势以及内部化优势却分别影响到了投资的可逆程度以及可延迟程度，从而影响实物期权的价值及投资的时机。因此，即使在存在这些优势的情况下，银行也不一定倾向于立即进入，某一时点上进入的银行也不见得就多。最终仍是要看这些影响因素的综合结果。

一　所有权优势—可延迟程度

首先分析一下对外直接投资中，所有权优势与可延迟程度的关系。所有权优势总是与可观的现金流 δ 相联系的。所有权优势越大，则意味着如果现在进行投资，则当前的现金流 δ 越大，从而实物期权的价值就越小，或者说延迟投资的机会价值就越大，企业越倾向于立即进行对外直接投资。

但是所有权优势一般都会有其一定的独特性，从而给企业创造暂时的垄断权利，带来较大的利润。不过这项垄断权利会随着时间的推移，竞争对手的进入而削弱。在未来存在不确定性的情况下，等待总是有价值的，而能够等待多长时间对于企业是很重要的。一个企业所拥有的所有权优势越是独特，也就越是不容易被模仿，就越能给外资银行进入的决定留有更大的余地，可等待的时间就越长。而所有权优势不是那么独特的，企业做出决定的余地越小，可等待的时间就越短。如果它等待的话，它的所有权优势就会因被竞争对手模仿而失效，从而不能抵消进行对外直接投资所需要的成本。从理论上讲，如果一个企业的所有权优势是非常独特的，以至于永远都不会被模仿，那么企业就拥有极大的可延迟能力。正是所有权优势的独特性决定了企业可延迟的能力。从实物期权的角度来讲，延迟能力越强，则实物期权的价值就越高，则越倾向于延迟投资。也就是说，所有权优势越独特，则越倾向于延迟投资。所有权优势对于外资银行进入是一个必要条件，但却不是立即进行对外直接投资的充分条件，哪怕是在存在内部化优势和区位优势的情况下。某些所有权优势对某一时点上外资银行跨国经营的作用可能是负的，所有权优势可能意味着持有实物期权比执行实物期权更为有利。

因此，所有权优势并不能必然地带来外资银行的进入，或者说所有权优势越大，并不必然地导致在某一时点上外资银行进入的就越多，还要考虑到所有权优势的性质，若所有权优势是相当独特的话，则外资银行倾向于延迟进入。因此，不能简单地说所有权优势是促进还是延缓了外资银行的进入，要看所有权优势所带来的现金流与所有权优势的性质综合作用的结果。

外资银行的所有权优势主要有以下几个方面：（1）各类客户多的优势。那些分支机构比较多的银行，可以将更多的客户联系在一起，资金的供给者和需求者都很多，从而可以以较低的交易成本来满足他们的需求。

这是跨国银行的所有权优势之一。这个所有权优势是比较独特的，难以在短期内被模仿，因而可能为进入的时机带来较大的余地。（2）在资产转换方面的优势。即根据他们的客户需求提供合适的能够增值的金融产品，某些银行具有一定的竞争优势，但是，大量研究表明这类所有权优势是很容易被模仿的。从而潜在的进入者是很多的，进而使得投资者能够延迟的时间缩短。（3）资金优势。不仅表现在自身拥有的巨额资产上，更重要的是表现在筹资的便利和多渠道上。由于大的国际银行的信誉高、不动产多，因而能轻易地从金融机构获得贷款。跨国银行还可以在各分支机构之间灵活地调度急需资金。这种优势同样在短时间内是无法被复制的，从而使得该类银行在进入的时间上具有一定选择的余地。（4）信誉与商标优势。信誉与商标是跨国银行所拥有的无形资产的重要内容，也是其所有权优势的重要方面。大型跨国银行凭借自己悠久的历史和较高的信誉度，能比其他企业更容易地巩固老市场和开拓新市场。各银行的同类产品在其他指标相同的情况下，银行的知名度就成为占领市场的关键因素。该类优势同样在短时间内是不容易被复制的，具有一定的垄断能力，从而赋予外资银行一定的等待的余地。

二　内部化优势—可逆程度

　　首先看一下一般性的对外直接投资中内部化优势对可逆性的影响。对外直接投资延迟期权的价值还依赖于投资是否可逆。投资的不可逆性是进行对外直接投资的阻碍。如果对外直接投资是完全可逆的，即企业无论在什么时候都可以完全恢复最初的投资，那么对于一个 NPV 为正的项目，延迟投资就没有意义。而如果投资只是部分可恢复的，或者说恢复的成本非常高，那么对外直接投资就不是完全可逆的。对外直接投资越是不可逆，则推迟投资的可能性就越大。投资的可逆性表现在企业对有形资产和无形资产的恢复以及防止无形资产的扩散上。对于无形资产的恢复表现在完全获得这些无形资产的价值或者阻止这些无形资产的扩散。通过内部化进行对外直接投资的企业往往是害怕通过其他方式会泄露一些信息，泄露他们的优势所在。那么，一旦投资建厂，如果想恢复这部分投资的话，就要卖掉这些厂房设备，而这样就可能让买这些设备的人得到这些信息。因此，企业不愿意卖出这些设备。另外，通过内部化进行对外直接投资的企业还有的是出于互补性的考虑，但是正是因为这个互补性使得这部分投资在销售的时候对于别人的用处不是那么大，因此，在回收的时候，价值就会大打折扣。因此内部化优势越大的对外直接投资中，投资的不可逆性就越大，企业就越倾向于延迟投资。

内部化优势体现在与其他方式（如许可证）相比，在将所有权优势进行发挥方面的优势。内部化优势越大，就说明相对于其他方式，越能发挥所有权的优势，它虽不能像所有权优势那样直接创造现金流 δ，但是它影响到所有权优势所带来的潜在利润的实现程度。因此，本书认为，内部优势越大，则使这个对外直接投资所能获得的当期现金流越大，从而使延迟期权的价值降低，使现在进行投资的机会成本变小。因此同样地，内部化对进行对外直接投资的影响也是双向的，是否立即投资也要看这两种力量综合作用的结果。

银行进行跨国化经营同样具有内部化的考虑。跨国银行具有无形产品方面的优势：跨国银行通常拥有较强的科研队伍，并有能力投入大量资金开发新技术和新产品，比如一些衍生金融品种以及一些独特的处理业务的技巧，等等。此类的投资成本往往是比较高的，但是恢复起来却很难。这是由于信息产品外部市场的不完善，存在着极大的不可逆性。从而使立即进行投资的机会成本很大，进而可能延迟投资。"追随客户"型的外资银行进入同样是外资银行无形产品的一种利用方式，外资银行对其客户信息的掌握以及长期以来与客户形成的合作关系，对于外资银行而言也是一种无形产品。该类投资也主要是利用了内部化的优势。当此类银行撤资时，由于没有合适的外部市场，使得这类优势难以以合适的价格卖掉，从而难以恢复投资，进而不可逆性较大。总的来讲，外资银行跨国经营方面存在着较大的不可逆性。

第六节　本章小结

外资银行的进入与金融上的期权同样可以类比，可以用期权的思想来研究外资银行的进入。外资银行的进入本身可以看作是一个延迟期权。考虑到外资银行在进入时，可以涉及不同的进入方式，这可能会出现延迟期权基础上的成长期权。但银行业不同于一般行业，在其不确定性、可逆程度、可延迟程度方面具有一定的特殊性。外资银行未来收益所面临的不确定性主要体现在需求、政策及汇率方面。外资银行的不可逆程度受两个方面的影响。一是有形资产、无形资产的恢复问题，有形资产的恢复需要一个发达的交易市场，并且银行业越是景气，有形资产就越容易出售，从而可逆程度高；银行业的无形资产所占的比重比较大，因此银行业的不可逆程度较大。二是外资银行进入方式不同，可逆程度有所不同，一般认为，与合资、入股等非独资方式进入相比，建立子行、分行等进入方式的不可逆程度更大些。外资银行进入中国总是具有一定的可延迟性，但是，随着中国银行业对外资的全面开放，越来越多的外资银行可进入中国，即潜在进入者的竞争程度加深，从而外资银行进入的可延迟程度下降。

根据实物期权理论，外资银行进入动机理论受到一定的挑战。外资银行进入动机理论往往暗示，实力越强的企业越有可能提前进入。但是，在实物期权框架下，该结论未必正确。根据传统的实物期权理论，外资银行所有权优势能为外资银行带来较大的现金流，促进其立即进入。但是，外资银行的所有权优势往往比较独特，难以复制，这又为外资银行的进入带来了较大的可延迟的余地，从而延迟投资，所以所有权优势是否促进外资银行立即投资是不确定的。内部化优势也往往被用来解释银行跨国投资的原因。跨国银行往往拥有一些技术上、信息上的优势，由于该类产品的外部市场不完善，使跨国银行倾向于内部化。但是，也正是由于该类产品外部市场不完善，使得跨国银行在恢复投资时存在很大的不可逆性，从而使立即投资的机会成本变大，反而延迟投资。另外，根据本书"先动优势条件下异质企业的期权博弈模型"的结论，在一定的市场条件下，弱银行先行进入而强银行等待是一均衡状态，这也与外资银行动机理论的暗示不符合。

第六章 传统实物期权视角下我国外资银行进入时机的实证分析

传统的实物期权理论视进入者为垄断者，而期权博弈理论考虑到竞争者的影响，因此，在将实物期权理论应用于外资银行进入时机的现实问题之前，首先要清楚潜在进入者是否存在竞争。本书通过"进入动机"的特征来确定潜在的进入者是否存在竞争，从而确定何种实物期权理论更适用。如果外资银行的"进入动机"的特征是"客户追随"，则基本可以判断外资银行对其客户具有一定的垄断力，从而在外资银行"进入时机"上，传统的实物期权理论更适用。如果外资银行的"进入动机"的特征是"当地市场利用"，则外资银行在进入之前对当地客户很难形成垄断力，因此，在外资银行"进入时机"上，期权博弈理论适用。本章通过理论分析与实证检验得出结论：总体上来看，历年来我国外资银行进入动机的特征为"客户追随"。因此在分析历年来外资银行进入中国的时机上，传统的实物期权理论适用。本章将采用"生存模型"方法进行实证检验。

但是，近年来，我国的外资银行在进入动机上却逐渐显现出"当地市场"利用的特征，这导致期权博弈理论也有其适用性，关于利用期权博弈理论分析我国外资银行进入时机的问题，本书将在第七章详细论述。

第一节 我国外资银行进入的历史沿革

鸦片战争后，随着外资企业的不断涌入，外资银行也开始陆续进入中国。1847 年，第一家外资银行丽如银行来到中国，之后外资银行纷纷进驻中国。最初外资银行采取的是小境生战略，主要开展对外资企业的汇兑结算业务；后来逐渐渗透到国内的汇兑及存贷款业务，甚至一些大银行，如汇丰、花旗银行等，开始发行类似于货币的银行券。到 1930 年，仅设在上海的外资银行就达到 30 家。1937 年，日本侵华战争爆发。一些非日银行被日军没收。新中国成立后，日资银行被收归国有。除了香港上海汇丰银行上海分行、标准渣打（麦加利）银行上海分行、华侨银行上海分行、东亚银行上海分行和华侨银行厦门分行 5 家外资银行继续在中国经营一定的业务外，其他外资银行纷纷撤出中国。

1978 年中国改革开放后，对外资银行的开放是我国改革开放的一个重要内容，外资银行又重新进入到中国的市场中。

根据中国银行业监督管理委员会副主席王兆星 2010 年 11 月 3 日在报告《中国银行业对外开放的演进》中所讲，中国对外资银行的开放可分为以下四个阶段：（一）1978—1993 年。1978 年，我国刚刚进行改革开放，对外汇资金有大量的需求缺口，通过对外资银行的开放，一方面可以引进外汇资金，另一方面可以改善对外资企业的金融服务，在良好的投资环境中，吸引更多的外资进入中国。（二）1994—2001 年。在上一阶段对外开放的努力下，外资企业来华投资的势头较好。为了维持这一良好势头，进一步改善投资环境，中国银行业对外资进一步开放，并逐步为中资企业提供服务。（三）2001 年年底至 2006 年。中国在 2001 年年底加入世贸组织，按照对世贸组织的承诺，逐步开放中国的市场包括金融市场。在五年的过渡期内，中国银行业逐步实行对外资开放，并对国有商业银行进行了一系列的股份制改革。从 2003 年起，中国银行、中国建设银行、中国工商银行和中国农业银行相继进行了股份制改革。（四）2006 年年底以后至今。这一阶段，中国加入世贸组织的过渡期结束，国内外经济、金融形势更为复杂，中国银行业竞争格局和银行体系结构也发生了深刻的变化。具体开放的时间及内容如表 6—1 所示。

表 6—1　　　　　　　　我国对外资银行开放的日程表

时间	开放内容
1979	中国第一家代表处日本输出入银行代表处在北京设立
1982	开放深圳设立营业性机构
1985	厦门、珠海、汕头、海口四个经济特区开始向外资银行开放（营业性机构）
1990	上海开放（营业性机构）
1992	大连、天津、青岛、南京、宁波、福州、广州七个城市对外资开放（营业性机构）

续表

时间	开放内容
1995	北京、石家庄、武汉、西安、成都、重庆、杭州、合肥、沈阳、苏州和昆明等内陆城市对外资开放。至此，一共有 24 个城市对外资银行开放（营业性机构）
1996	在上海试点人民币业务（对外资企业）
1998	在深圳试点经营人民币业务（对外资企业）
2000	在广州试点人民币业务（对外资企业）
2001	允许在华外资银行在全国开展各类客户的外汇业务；上海、深圳、大连、天津正式开展人民币业务（对外资企业）
2002	广州、珠海、青岛、南京和武汉开展人民币业务（对外资企业）
2004	上海、北京等外资银行陆续开展对非外企人民币业务（对公业务）
2006	取消外资银行经营人民币业务的地域限制，逐步向外资银行开放中国境内公民的人民币业务（人民币零售业务），但设立"存贷比"的宽限期
2012	2011 年 12 月 31 日，外资银行"存贷比"宽限期到期，外资银行面临着与中资银行同样的监管

资料来源：根据历年来有关外资银行开放的政策法规整理。

在对外资银行开放的过程中，一系列法规起着重要的作用。1985 年，国务院颁布《中华人民共和国经济特区外资银行、中外合资银行管理条例》，厦门、珠海、汕头、海口四个经济特区开始向外资银行营业性机构开放。1990 年，中国人民银行颁布《上海市外资金融机构、中外合资金融机构管理办法》，上海对外资银行营业性机构开放。1994 年，为了进一步促进外资银行开放，国务院颁布了第一部《中华人民共和国外资金融机构管理条例》，此后中国人民银行于 1996 年公布《中华人民共和国外资金融机构管理条例实施细则》，我国对外资银行监管逐步走上法制化、规范化的轨道。2001 年年底，我国加入世贸组织，根据对世贸组织的承诺，对《中华人民共和国外资金融机构管理条例》重新修订并于 2002 年 2 月 1 日起实施，相应的《中华人民共和国外资金融机构管理条例实施细则》也重新修订。2004 年 8 月，中国银监会再次对《细则》进行修订，将与中资银行有关的管理规定尽量衔接。2006 年年底，世贸组织的过渡期结束，我国承诺银行业对外资全面开放，与此相适应，2006 年 12 月 11 日，《中华人民共和国外资银行管理条例》实施，相应的《实施细则》跟着实施①，

---

① 根据中国银监会负责人：《"中华人民共和国外资银行管理条例实施细则"答记者问》（http：//pub－edu.cbrc.gov.cn/cbrcweb/chinese/home/jsp/docView.jsp？docID＝2877）整理。

《实施细则》全面体现了履行世贸承诺，取消非审慎性规定，对外资银行实行国民待遇的原则，标志着中国银行业的全面开放。在发布《实施细则》的同时，银监会对相关问题做了公告，公告对外资银行存贷比的规定设了 5 年的宽限期。2011 年年底，外资法人银行存贷比监管宽限期到期，39 家外资法人银行全部达标。至此，在华外资银行各项监管宽限安排已全部结束，中外资银行监管标准实现统一。

　　随着开放力度的增大，以及相关法规的完善，外资银行分支机构数量、资产规模、地域分布等方面都有了长足的发展，如图 6.1 所示。1979 年，中国第一家外资银行的代表处日本输出入银行代表处在北京设立，1982 年，开始设立第一家营业性分支机构。到 2012 年年末，49 个国家和地区的银行在华设立了 42 家外资法人机构、95 家外国银行分行和 197 家代表处。法人机构中独资银行 38 家，下设 267 家分支机构；合资银行 3 家，下设 8 家分支机构；独资财务公司 1 家。营业性机构达到 412 家。在华外资银行业营业机构资产总额（含外资法人银行和外国银行分行）为 2.38 万亿元，同比增长 10.66%；各项存款余额为 1.43 万亿元，增长 7.74%；各项贷款余额为 1.04 万亿元，增长 6.23%；流动性比例为 68.77%；实现税后利润 163.39 亿元；不良贷款率为 0.52%；外资法人银行资本充足率为 19.74%；核心资本充足

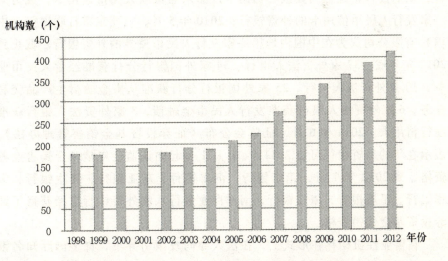

图 6.1　1998—2012 年外资银行在华营业机构数

数据来源：各年《中国金融年鉴》。

率为 19.25%。从总体上看，在华外资银行业营业机构主要指标均高于监管要求，基本健康（银监会 2012 年年报）。

外资银行的业务范围是逐渐扩大的。1996 年以前主要从事的是外汇业务。从 1996 年开始，逐渐扩展其人民币业务范围。首先能从事对外资企业的人民币业务，到 2004 年可以从事对中资企业的人民币业务，2006 年逐渐开展对公民的人民币业务。根据《中华人民共和国外资银行管理条例实施细则》，目前外资银行与中资银行所从事的业务范围基本一致。外商独资银行、中外合资银行按照国务院银行业监督管理机构批准的业务范围，可以经营下列部分或者全部外汇业务和人民币业务：吸收公众存款；发放短期、中期和长期贷款；办理票据承兑与贴现；买卖政府债券、金融债券，买卖股票以外的其他外币有价证券；提供信用证服务及担保；办理国内外结算；买卖、代理买卖外汇；代理保险；从事同业拆借；从事银行卡业务；提供保管箱服务；提供资信调查和咨询服务；经国务院银行业监督管理机构批准的其他业务。外商独资银行、中外合资银行经中国人民银行批准，可以经营结汇、售汇业务。外国银行分行不能从事银行卡业务，并且吸收的中国境内公民人民币的定期存款每笔不少于 100 万元，除此之外，其业务范围与外资独资银行、中外合资银行一致。2008 年 12 月 23 日，东亚银行正式推出其核心信用卡产品东亚银联人民币信用卡，成为第一家发行人民币信用卡的外资银行；2010 年 5 月，三菱东京日联银行（中国）有限公司成为在中国内地第一家发行人民币债券的外资银行。截止到 2012 年年底，37 家外资法人银行、54 家外国银行分行获准经营人民币业务，30 家外资法人银行、25 家外国银行分行获准从事金融衍生产品交易业务，6 家外资法人银行获准发行人民币金融债，3 家外资法人银行获准发行信用卡。2011 年 6 月，证监会公布《证券投资基金销售管理办法》，表示在华的外资银行可自 2011 年 10 月 1 日起向证监会申请基金销售业务资格，到 2013 年 7 月，花旗银行、汇丰银行、东亚银行、恒生银行、大华银行、星展银行、渣打银行、南洋商业银行八家外资银行已经获得了证券投资基金代销资格。

在营业性机构存在形式上，在法人导向政策引导下，许多国际知名银行均改制为在中国本土注册的法人银行，致力于本土化经营和发展。为促进外资银行在华稳健发展，维护银行体系安全运行，银监会对外资银行在华发展实施"分行与法人双轨并行，法人银行导向"政策，简称法人化政策。实施法人化政策可有效隔离境外风险传染，最大限度地维护本国金融体系稳定和保护存款人利益，发挥东道国监管当局监管的主动性、有效性。截至 2010 年年底，14 个国家和地区在华设立的 40 家外资法人机构资产总额 1.52 万亿元，占外资银行资产总额的 87.40%；外资法人银行金融机构已成为在华外资银行的主要存在形式。外资银行法人化政策对于防范外资银行跨境风险取得了良好效果。国际金融危机期间，对于个别外资银行母行突然出现破产危机，危及其在华子行，银监会在与母国监管当局协调处置行动中，充分行使中方对于处置该行在华子行资产的自主权，有力保证了该行在中国的有限公司平稳安全运营，避免了对我国金融体系稳定造成风险，充分证明法人化政策对于有效防范跨境金融风险的重要作用。

第二节　进入动机的总特征为"客户追随"
——传统的实物期权理论适用

一　基本判断

外资银行进入动机大致上有两种，即"客户追随"与"当地市场利用"。客户追随表示外资银行的主要服务对象为东道国的外商或者进出口商；当地市场利用型表示外资银行的服务对象主要是东道国本地的居民。

对于外资银行进入时机的实证检验，有必要弄清楚潜在进入者的竞争情况，如果进入者是垄断者，那么需要在传统的实物期权的框架下分析。如果潜在的进入者的数量较多，就有必要利用寡头垄断情况下的实物期权模型去分析。

我们可以通过区分外资银行进入的动机，来大体上判断该用何种框架下的实物期权理论。如果进入动机是"客户追随"，则基本上可以判断外资银行进入机会是属于垄断的，那么就可以在传统的实物期权理论框架下做实证检验。如果进入动机为"客户追随"，外资银行在母国的时候就可能与这些外商有密切的业务往来，当该外商来到东道国的时候，外资银行也追随这些外商来到该东道国。外资银行对这些客户拥有的一些信息，以及长期以来的合作中所形成的忠诚度是难以在短期内被复制的，因此，外资银行对这些客户拥有一定的垄断力。

在 2004 年以前，外资银行经营的范围主要是各类外汇业务，以及部分试点区对外资企业的人民币业务。总的来看，这一时期的经营对象主要是外资企业、在华外籍人员、港澳台华人，以及部分大型外向型国有企业、上市公司等。因此，在 2004 年以前，外资银行的进入是客户追随型的。

2004 年后，外资银行逐渐开展对中资企业的人民币业务。2006 年后，人民币业务对外资银行全面开放后，人民币业务在外资银行的业务范围中逐渐占有越来越重要的地位。中国当地企业及个人逐渐成为其主要客户，即利用当地市场的动机，会体现得更为明显。对于当地企业与个人，新进入的外资银行没有与他们往来的经验，因此也就没有积累起他们的信息以及忠诚度，在信息方面是没有垄断优势的。这对于所有的新进入的外资银行都是一样的，没有银行拥有垄断优势。他们基本上是站在一个起跑线上，各显神通地与其他外资银行展开竞争，因此，从长远来看，潜在的外资银行进入者是有一定程度的竞争的。

但是，长期以来对中资企业及中国公民的人民币业务并不是外资银行主要的盈利点。对于这一点，由于不能准确地获得若干年来外资银行针对中资企业及中国公民的人民币业务的具体数据，所以只能通过其他方式进行粗略的估计。从 2004 年到 2007 年，外资银行市场规模有所扩大，外资银行的资产规模占金融机构资产规模的比重从 2004 年的 1.84%，增加到 2007 年的 2.38%，2008 年下滑到 2.16%，2009 年继续下滑到 1.71%，到 2011 年的时候，重新增加到 1.93%，2012 年又下滑至 1.82%。

根据《中华人民共和国外资银行条例》，外资银行若大规模地经营人民币业务，需要转为法人银行。2007 年 5 月首家外资法人银行成立，2008 年年底 28 家，2009 年年底 33 家，2010 年年底 37 家，2011 年年底 37 家，2012 年年底 38 家。在大量的外资法人银行成立，并且分支机构大幅度扩张的情况下，外资银行的市场份额并没有太大改善，到 2012 年年底，也只不过 1.82%，所以，可以看出，外资银行的人民币业务到目前为止扩张得并不顺利。因此即使外资银行进入动机在近几年有一定"市场利用"的特征，但是从较长一个时间段来看，外资银行进入的动机总的来讲可能并不是市场利用型的，而是客户追随型的。

二　实证检验

1. 模型及变量选择

为了验证上述观点，本部分采用逐步回归法建立回归方程进行实证检验。逐步回归法是在多元线性回归的基础上派生出来的一种计算方法。该方法根据自变量对因变量影响的显著程度，从大到小依次引入方程。首先对每一个自变量与因变量都建立回归方程，选择其中残差平方和最小的模型作为基础方程；然后在该基础方程中增加一个自变量，如果方程的拟合优度有所提高，并且其他统计值仍然显著，则保留该自变量，否则剔除。依次进行，直到没有新的变量。

本书建立如下形式的多元线性回归模型：

$$FBA = b_0 + b_1 FDI + b_2 IES + b_3 DEPT + b_4 LOAN + b_6 IRM + 随机误差$$

其中，因变量 FBA 为"外资银行资产规模/GDP"，自变量 FDI 为"外商直接投资"，IES 为"进出口总额"，DEPT 为"银行业金融机构年末存款余额"，LOAN 为"银行业金融机构年末贷款余额"，IRM 为"一年期存贷利差"。

"客户追随"假设下选择的代表性指标：FDI、IES。"市场利用"假设下选择的代表性指标：DEPT、LOAN、IRM，前两者反映了金融市场的发达程度，存贷利差反映银行业的基本盈利情况。此处没有用"人均 GDP"或者"GDP 总量"等来作为"市场利用"假设下的代表性指标。毫无疑问，人均 GDP、GDP 的增长率等指标必然影响外资银行进入的规模，但是此类指标会与 FDI 的相关指标产生自相关，GDP 也是影响 FDI 的重要变量，所以在"市场利用"的假设下要舍弃这个指标，而选择体现"当地市场利用"特征更为直接的指标，如信贷规模、存贷利差等。

利用的数据是 1993—2010 年的。1992 年之前外资银行资产规模难以获取，所以数据从 1993 年开始。数据来源于各年《中国金融年鉴》、《中国统计年鉴》。原始数据见附表1。中国 2010 年及以后进入的外资银行主要是来自我国台湾的银行，而截止到 2012 年年底，获准经营人民币业务的 6 家台资银行分支机构按照监管要求也是针对台资企业。因此，新加入的几家台资银行的进入动机可以归为客户追随。

2. 结果

结果如表 6—2 所示（回归的原始表格见附表 2），被选中的自变量为 FDI，被剔除的变量是 IES 进出口总额、DEPT 银行业金融机构年末存款余额、LOAN 银行业金融机构年末贷款余额、IRM 一年期存贷利差。这说明在所选择的几个代表"客户追随"、"当地市场利用"的指标中，只有反映"客户追随"特征的"FDI"显著地通过检验（t 值为 2.781，显著性水

平为 0.013)。结合模型的结论及 2010 年后主要是台资银行进入且人民币
业务对象为台资企业这样的现实，总的来看，我国外资银行的进入动机是
"客户追随"，而不是"当地市场利用"。

表 6—2 　　　　"进入动机"实证检验结果

变量	因变量 FBA	
FDI	选中	1.85E - 006
		(0.013)
IES	剔除	- 0.8
		(0.436)
DEPT	剔除	- 1.800
		(0.92)
LOAN	剔除	- 1.474
		(0.161)
IRM	剔除	0.541
		(0.569)
R^2		0.326
F - stat		0.13

注：逐步回归的准则：F 统计量的显著性水平 ≤0.050 则输入变量，F 统计量的显著性水
平 ≥ 0.100 则移去变量。

第三节　外资银行进入时机的生存模型检验

既然外资银行进入动机的特征为"客户追随"，即外资银行对其客户
具有一定的垄断力，在分析其时机问题上，就可以采用"传统的实物期权
理论"。本部分利用生存模型实证检验外资银行进入中国的时机选择是否
与传统的实物期权理论相吻合。

一　实证方法：生存模型

生存分析（survival analysis）是将事件的结果（终点事件）和出现这
一结果所经历的时间结合起来分析的一种统计分析方法。起始事件是反映
研究对象生存过程的起始特征的事件，终点事件是指事件发生的特定结
局，也称为"失败"，失败以前的时间就是"生存时间"。生存分析的主
要目的是构造生存时间变量的模型，同时用回归的方法估计影响生存时间
变量的因素。国外研究从 20 世纪 70 年代末期开始，逐渐将生存分析方法

应用于经济领域，其中考克斯（COX）回归是一个应用范围很广的生存分析回归方法。假设 T 为生存时间，$F(t)$ 为 T 的分布函数，满足 $F(t) = P(T \leq t) = \int_0^t f(x)dx$，其中 $f(x)$ 为 T 的密度函数。在区间（0，t）内，没有发生"失败"的概率函数即为生存函数：

$$S(t) = 1 - F(t) = \int_t^\infty f(x)dx$$

定义风险函数为：

$$h(t) = \lim_{\Delta t \to 0} \frac{P(t \leq T < t + \Delta t / T \geq t)}{\Delta t} = \frac{f(t)}{S(t)}$$

表示在时刻 t 失败的瞬时可能性。本书风险函数模型采用比例模型（Cox[①]模型），其基本形式为：

$$h(t) = h_0(t)\exp(\beta_1 x_1 + \beta_2 x_2 + \cdots + \beta_k x_k)$$

或者也可以表示为：

$$\ln[h(t)] = \ln[h_0(t)] + \beta_1 x_1 + \beta_2 x_2 + \cdots + \beta_k x_k$$

x 为发生失败事件的影响因素，$h_0(t)$ 为基准风险，即当观测的所有 x 都等于 0 时的风险。考克斯回归以非参数方式对这个风险作出估计，并且取得 β 参数的最大似然估计。本书所用的计量软件为 STATA，所得到的风险比（harzard ratio），就是对 $\exp(\beta)$ 的估计。

二　数据、模型、变量选取

（一）外资银行进入时机的一般性描述

对于外资银行的进入，此处选择的建立营业性机构，即建立分行或者是子行。如果某个外资银行在中国建立了多个分行或者子行，则第一次设立营业性机构的时间就为进入时间。进入的具体情况见表6—3。2010 年及以后进入中国的外资银行主要是我国台湾银行。2009 年 4 月 26 日，大陆与我国台湾签署《海峡两岸金融合作协议》；2009 年 11 月 16 日，签署

---

① 根据劳伦斯·汉密尔顿（2008），考克斯（COX）回归是按照经验方式来估计基准存活函数，没有参照任何理论分布。另外还有几种"参数"模型是从假定存活时间服从于一种已知理论分布入手来进行估计的。包括指数分布、韦伯（Weibull）分布、对数正态分布、对数分布、龚柏兹（Gompertz）分布以及一般化伽玛（Gamma）分布等。如果要使用这些参数模型，就需要存活时间服从相对应的分布，否则在应用的时候就是错误的。而考克斯回归并不需要对分布形状做任何预先假定，因而它适用于更多的场合。本文选择的是考克斯回归。

《海峡两岸银行业监督管理合作谅解备忘录》；2010 年 8 月 17 日，我国台湾"立法机构"通过《海峡两岸经济合作框架协议（ECFA）》。两岸银行业互设机构已经取得了实质性进展。截止到 2012 年年底，台资银行在大陆共设立 10 家分行和 6 家代表处。其中，6 家分行获准经营台资企业人民币业务。

表 6—3   在华设立营业性机构的外资银行数量

时间	1981	1982	1983	1984	1985	1986	1987	1988	1989	1990	1991	1992	1993	1994	1995	1996
总数	1	1	1	2	7	12	14	15	16	17	19	24	38	48	52	56
时间	1997	1998	1999	2000	2001	2002	2003	2004	2005	2006	2007	2008	2009	2010	2011	
总数	59	64	66	68	69	69	72	78	82	74	97	105	106	113	115	

资料来源：根据各年《中国金融年鉴》与银监会年报整理，其中 2012 年银监会年报没有公布外资银行总数。

截至 2010 年年底，外资银行主要来源于下列国家和地区：澳大利亚、加拿大、美国、奥地利、比利时、德国、法国、荷兰、葡萄牙、瑞士、意大利、英国、澳门、韩国、马来西亚、日本、俄罗斯、中国台湾地区、泰国、新加坡、印尼、中国香港地区、菲律宾、印度、挪威、瑞典。在中国设立外资银行营业性机构最多的七个国家或地区为中国香港、日本、韩国、德国、美国、法国、中国台湾，所设立机构占总机构的比重如图 6.2 所示。总的来看，如图 6.3 所示，外资银行主要来源于亚洲、欧洲、北美洲，其中亚洲占绝大多数，中国香港、日本、韩国成为进入中国最多的国家和地区。

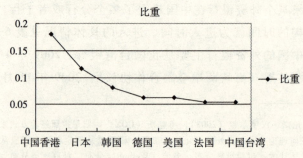

图 6.2　外资银行在华银行机构最多的七个国家

资料来源：2010《中国金融年鉴》。

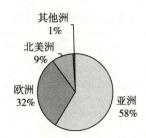

图 6.3　在华外资银行的地域来源

资料来源：2010《中国金融年鉴》。

（二）模型及变量选取

本书运用生存模型分析外资银行进入中国市场设立分支机构的时机选择问题。选择的起始事件为"我国银行业对外开放"，终点事件指外资银行在中国设立营业性分支机构时间。实证分析中，主要指设立第一个营业性机构的时间。定义生存时间 T 为从 1978 改革开放开始到某一外资银行设立第一家营业性机构的时间段。在时刻 t，"风险比"即"外资银行进入中国的瞬时概率"为：

$$h(t) = h_0(t)e^{(\beta_1 Uncertainty + \beta_2 Asset + \beta_3 Asia + \beta_4 GDPR + \beta_5 Policy)}$$

根据传统的实物期权理论选择了以下解释变量：

（1）Uncertainty：表示外资银行建立营业性分支机构当年的需求波动程度，以此来衡量外资银行进入时所面临的不确定性。该指标用股票价格指数的波动程度来衡量，股市价格指数能够反映所有预期到的、未预期到的未来的收益的不确定性。本书根据周收益率计算每一年的股票价格指数的波动的方差，以此衡量不确定的程度。该方法使用简单，以往也有众多的文献使用此方法，例如：爱佩斯科普斯（Episcops，1995）；福尔塔（Folta，2002）；平迪克（Pindyck，1986）等。表 6—4 是依据该方法计算的从 1991 年到 2009 年每年的波动率[①]。根据实物期权理论，不确定性程度越大，则越有可能延迟进入。

---

① 波动率的计算时间截止到 2009 年，原因是本书外资银行的样本数据截止到 2009 年。2010年及以后进入的外资银行主要为我国台湾银行，若计入模型，会影响估计。

表6—4　　　　　　　　　　历年来股票市场年波动率

年份	1991	1992	1993	1994	1995	1996	1997	1998	1999	2000
Uncertainty（％）	4.79	30.08	192	51	33	20	103	21	25	121

年份	2001	2002	2003	2004	2005	2006	2007	2008	2009	
Uncertainty（％）	63	93	52	55.6	35.9	32.1	118	509	143	

（2）Asset：与 δ 对应，资产的规模越大，意味着这个银行实力越强。如果立即进入，则有可能获得较高的现金流 δ ，等待的机会成本就越大，从而越有可能立即进入。但是，资产的规模越大，意味着这个企业的实力越强，但同时也可能使该银行更具有垄断性，从而越有可能延迟投资。所以该变量对进入时机的影响结果是不确定的，要看实证的结果才知道。本书没有选择"资产规模"这样的绝对指标，而是选择外资银行进入当年"依据资产规模在世界的排名"这样一个相对指标。绝大部分银行的"资产规模"都随着时间增长，那么一个早期进入的银行，和一个较晚进入的银行，它们进入时"资产规模的绝对数量"不具有可比性，所以本书没有选择这样一个绝对指标，而是选择了"世界排名"这样一个相对指标来表示银行实力的强弱。即 Asset 具体指的是外资银行进入中国当年根据其资产规模在世界的排名。数据来源于英国杂志《银行家》（The Banker）1985—2010 年每年第七期"世界 1000 家银行排名"（TOP 1000 World Banks）[①]。

（3）GDPR，表示 GDP 的增长率。GDP 增长率越高，则意味着该国经济越为活跃，则外资企业对金融服务的需求会更多，从而 δ 会更大，则企业越可能立即进入。

（4）Asia，表示文化的差异程度以及地理的远近。如果是亚洲国家，则该变量取 1，否则取 0。如果是亚洲国家，则由于文化差异程度小以及距离较近，从而对中国有更深刻的了解，面临的不确定性相对低，从而更可能立即进入。

（5）Policy，政策对外资银行进入时机的选择的影响是非常大的。从

---

① 早期的杂志为"世界 500 家银行排名"（TOP 500 World Banks）。

表6—3可以看出，1993年、1994年，有大量外资银行进入。这是因为1992年小平同志南方谈话，进一步阐明了改革开放的重大意义，阐述了建立社会主义市场经济理论的基本原则，从理论上深刻回答了长期困扰和束缚人们思想的许多重大问题，进一步推动了改革开放，外资银行所面临的不确定性大幅度降低。同时，中国人民银行批准更多的城市允许外资银行设立机构，使得外资银行的盈利能力有所提高。如果外资银行在1993年、1994年进入，则该变量为1，否则为0。

根据传统实物期权理论，上述几个因素对外资银行立即进入可能性的影响如表6—5所示。

表6—5　　　　　传统实物期权理论下各解释变量可能的影响方向

解释变量	影响
Uncertainty	−
Asset	− +
GDPR	+
Asia	+
Policy	+

2010年及以后进入的外资银行主要是中国台湾银行，台资银行的集中进入主要是由于大陆对台湾银行业政策方面的原因，因而将2010年及之后的样本数据放上，有可能会影响模型估计的精度。从1978年到2009年，一共有92个样本数据。由于股市的数据是从1991年开始的，因此，所计算的波动率是从1991年开始的，这样，有关Uncertainty的样本数据为77个。由于部分银行在进入的当年没有出现在世界银行的排名中，最后有排名的银行一共是73个。本模型所用的原始数据参看附表4。

三　实证结果分析

模型中解释变量的描述性统计结果如表6—6所示。由表6—7可以看出，在1992年的时候，25%的外资银行已经进入，到1994年时，50%的外资银行已经进入。1992—1994年两年的时间里，有25%的外资银行进入，这是外资银行集中进入的一个时期。结果如表6—7所示。

表 6—6 变量的描述性统计结果

解释变量	样本数量	平均值	标准差	最大值	最小值
Asia	92	0.478	0.502	1	0
GDPR	92	11.480	2.535	15.176	3.839
Uncertainty	77	87.936	104.68	509	4.79
Asset	73	164.575	200.841	866	3

表 6—7 生存状况的初步分析

样本数	生存时间		
	25%	50%	75%
92	12	14	23

下面利用开普兰—梅尔（Kaplan - Meier）存活函数进一步地分析数据。

令 n_t 代表在时间 t 开始的外资银行尚未失败且尚未删节的观测案例数。令 d_t 表示在时期 t 内这些观测中发生的失败数。开普兰—梅尔存活函数对生存时间超过的 t 的估计是在时间 t 与在此以前各时期生存概率的连乘积：

$$S(t) = \prod_{j=t_0}^{t} \left\{ (n_j - d_j)/n_j \right\}$$

将 $S(t)$ 按时间 t 所绘的图就是开普兰—梅尔存活曲线。具体到本书中，开普兰—梅尔存活曲线描述的就是在某一时间 t，外资银行没有进入的概率。图 6.4 是 1981—2009 年（1981 年第一家外资银行营业性机构进入）所有外资银行进入的一个生存曲线。从图上可以看出，从 1993 年开始，尤其是 1993 年、1994 年，存活曲线急速下降，表示外资银行加速进入。

再通过存活曲线看一下亚洲国家和非亚洲国家进入的情况。由于亚洲国家的外资银行在中国进行投资，所面临的不确定性更小，从理论上来讲，它进入的概率应该要比非亚洲国家进入的概率大。图 6.5 确实反映了这样的情况。从图上可以看出，亚洲国家外资银行进入的生存曲线大部分年份都明显在非亚洲国家的生存曲线下方，说明亚洲国家更倾向于立即进入。

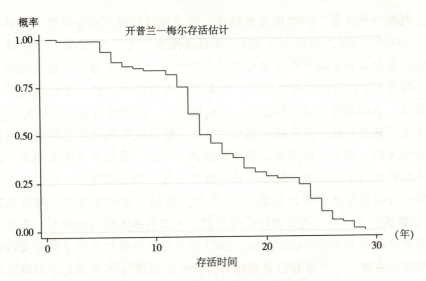

图 6.4　总体开普兰—梅尔存活曲线

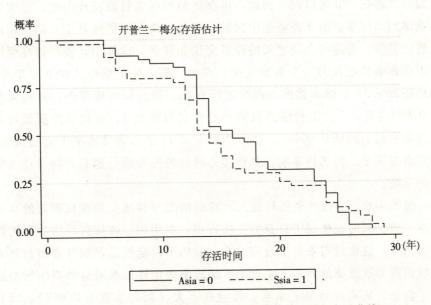

图 6.5　亚洲、非亚洲国家银行进入的开普兰—梅尔存活曲线

　　表 6—8 为生存模型的实证结果，根据模型一，对于 GDP 增长率，风险比为 1.204，即 GDP 增长率提高一个单位，近期外资银行进入的概率就会增加 20.4%。其中 P = 0.013，在显著性水平为 0.05 的水平下，通过检

验。其经济含义是，GDP 增长率越高，则外资银行越可能立即进入。对于 Uncertainty，风险比大约为 0.997，在显著性水平为 0.01 的水平下，通过检验。这意味着不确定性程度每增加一个单位，近期外资银行进入的概率就会降低 0.3%。其经济含义是，不确定性程度越高，外资银行越可能延迟进入，否则越有可能立即进入。根据模型二，政策变量在显著性为 0.01 的水平下通过检验，且风险比远远大于 1，显示政策对外资银行进入的影响是很大的；对于亚洲国家，其风险比为 1.117，即如果是亚洲国家，其进入的概率会更大一些，但是，该变量不显著。根据模型三，利用所掌握的关于外资银行在世界排名的 73 个数据，得出的结论不显著。考虑到这 73 个数据当中，有一些比较特殊的数据，主要是香港银行的数据，香港银行在世界的排名比较靠后，例如，1987 年在中国首次建立营业性分支机构的香港东亚银行，当年在世界的排名为 598 位，1992 年首次在中国设立营业性分支机构的香港廖创兴银行排名为 780 位，而同期进入中国的其他外资银行大都在 100 名以内。因此，将香港的一些银行放在样本中，可能会影响回归的结果。由于香港是中国的一部分，文化上更接近于大陆，距离也近，另外，香港与大陆之间的经济交往非常多，这样，其资产的规模可能不是影响其进入的一个重要变量，因此，将香港的银行从样本中删掉，最后还剩下 57 个样本数据，再次进行回归，得到回归模型四，回归系数为 0.996，其含义为银行依据其资产的排名每增加 1，近期该外资银行进入的概率就会降低 0.004%，这个结果在 0.05 的显著性水平下通过检验。其经济含义是，排名越靠前，从而实力越强的外资银行越有可能早进入中国的市场。

总的来看，中国外资银行进入时机的情况与传统实物期权理论的结论基本一致，同时也体现了自身的一些特点。在中国，政策对外资银行的影响相当大，这也说明来自于政府政策方面的不确定性是影响外资银行进入时机选择非常重要的因素。来自于市场的不确定性虽然阻碍外资银行的进入，但是，从实证结果上来看，影响并不大（回归系数为 0.997），即股市所反映的宏观经济的波动对其影响并不是很大，它们更看重的是当期的盈利性，从实证结果上就表现为 GDP 增长率对其进入时机的选择有较大的影响（回归系数为 1.204），这说明外资银行认为如果立即进入，所能获得的当期现金流是比较可观的，等待的机会成本会更大些，从而更有可能选择立即进入。对于外资银行的排名，根据实物期权理论，外资银行的实力越强，一方面能够获得较高的当前现金流，另一方面它又由于具有一定的较强的垄断性而具有更大的等待余地。从而导致外资银行的实力对其进入时机的影响是不确定的。具体到中国，总的来看，外资银行的实力越强，则越有可能立即进入。这与传统的外资银行进入动机理论所暗指的一致，传统的外资银行动机理论认为实力越强，则越提前进入，原因在于实力越强的企业，越可能获得高额回报。但是，根据本书的实证结果，这一影响力却是很弱的（回归系数为 0.996）。说明外资银行一方面想分享这高速经济增长所带来的高额利润，但是另一方面又觉得自己实力较强，即使暂时不进入，将来再进入的时候，也能轻易地获取客户，从而在进入时机上就表现得不是那么迫切。

表 6—8　　　　　　　　　　　　生存模型的实证结果

变量	模型一	模型二	模型三	模型四
GDPR	1.204（0.013）**			
Uncertainty	0.997（0.009）***			
Assets			0.9998（0.738）	0.996（0.011）**
Policy		2.730（0.001）***		
Asia		1.117（0.602）		
样本数量	77	92	73	57
失败数量	77	92	73	57
Loglikehood	−262.316	−329.035	−248.717	−176.361
LRchi2	LRchi2（2）＝10.8	LRchi2（2）＝11.9	LRchi2（1）＝0.11	LRchi2（1）＝8.34
Prob > chi2	0.045	0.0039	0.7354	0.0039

注：* 为 $P \leqslant 0.1$，** 为 $P \leqslant 0.05$，*** 为 $P \leqslant 0.01$。

第四节　本章小结

改革开放以来，在相关政策的影响下，越来越多的外资银行进入中国，业务范围也在不断地扩大。从业务经营的范围及外资银行的影响力来看，我国外资银行进入的动机总的来说是"客户追随"，实证检验也验证了这样的观点。"客户追随"的动机说明外资银行对其客户具有一定的垄断力，从而适合传统的实物期权理论。利用生存模型验证，我国外资银行进入的时机与传统实物期权理论的结论基本上相吻合，但是也体现了自身的特点。具体来讲，政策对外资银行进入时机的影响非常大；来自于市场的不确定性虽然阻碍着外资银行的进入，但是这一阻碍作用因为高额回报的驱使，显得不是那么重要；实力越强的外资银行越具有等待的能力，从而在进入时机上就越表现得不是很迫切。

第七章 期权博弈视角下我国外资银行进入时机的实证分析及其监管意义

近年来，外资银行进入的动机越来越体现"当地市场利用"的特征，这说明期权博弈也有其适用性。在期权博弈模型中，不可避免地涉及先动优势的问题。因此首先要确定中国的银行业是否存在先动优势。本章通过我国银行业 700 多个样本数据，利用最小二乘法，实证检验我国银行业确实存在先动优势。利用先动优势、未来的不确定程度、当前现金流等因素分析了我国银行业人民币零售市场、农村金融市场上外资银行与中资银行的期权博弈行为。并根据期权博弈理论，对监管政策提出几点建议。

第一节 进入动机的"市场利用"特征日趋明显
——期权博弈理论适用

虽然从总体上来看，我国外资银行进入的动机是"市场追随"，但是不可否认外资银行越来越重视当地客户，从而体现出一定的"市场利用"的特征，而且这种特征将越来越明显。

2004 年开始，上海、北京等外资银行陆续开展对非外企的对公人民币业务；2006 年，取消外资银行经营人民币业务的地域限制，逐步向外资银行开放中国境内公民的人民币业务。在法人银行导向的政策下，截止到2010 年，14 个国家和地区在华设立的 40 家外资法人机构资产总额 1.52万亿元，占外资银行资产总额的 87.40%，外资法人银行金融机构已成为在华外资银行的主要存在形式。

中国对外资银行相关政策逐步放松，为外资银行利用当地的市场机会提供了更多的可能性，即从政策上来讲，国内的市场进一步向外资银行开放。同时，开发当地市场对于外资银行是非常有吸引力的，尤其在零售市场上，众多的外资银行表现了极大的兴趣。到 2010 年年底，87.4% 的外资银行已经成为法人银行，说明了大部分外资银行已经深入开展或者打算深入开展各类人民币业务。

　　普华永道 2011 年 6 月份的《外资银行在中国》显示，在华外资银行的母公司坚决致力于开拓中国的市场。如果用 1 到 10 分来给各银行集团对中国市场的重视程度打分，10 分为最高，那么外资银行整体的重视程度在 8 分或者 8 分以上。比如，设立境内法人银行的分数达到了 8.8 分，亚洲银行则达到了 9.1 分。25 家受访银行表示，到 2014 年，其母公司的重视度将会达到 9 分以上。高速的经济增长使中国成为对外资银行最有吸引力的投资地之一。如图 7.1 所示，中国 GDP 的增长率远高于世界平均水平；中国是世界上经济最活跃的国家之一。2008 年金融危机爆发以来，中国经济尽管面临着困难，但在世界经济中，仍是一枝独秀，尤其是 2010年，中国的 GDP 总量超过日本，成为全球第二。不少外资银行母行很看好中国的前景。根据普华永道调查报告《2050 年的银行业》的预测，按照中国银行信贷资产的预计增长速度，到 2023 年，中国将赶超美国成为世界上最大的银行业市场。零售业需求也将大量增加。中国经济的快速增长，造就了中国的财富效应，使中国零售业市场得以繁荣。中国的富裕群体已经逐步形成，全球三大战略咨询公司之一的美国波士顿咨询公司（the Boston Consulting Group，BCG）在 2010 年的一份报告中预测，到 2020 年的时候，中国将有半数以上家庭成为中产阶级，未来 10 年内中国中产阶级及富裕消费群体将新增约 2.7 亿消费者，其中 70% 来自小城市。波士顿咨询公司对中国中产阶级的定义是，扣除税收和通货膨胀因素后，家庭年收入在 6 万—10 万元人民币。经济的发展和个人财富的迅速增长为银行零售业务的发展提供了现实基础。随着收入和生活水平的提高，中国高收入阶层的理财需求不断上升，普通居民（尤其是城市居民）对于信贷服务的需求，特别是住房抵押贷款、汽车贷款的需求等也在快速膨胀。

　　一方面政策赋予了外资银行深耕中国银行业市场的权利，另一方面中国的银行业有巨大的吸引力，使得外资银行越来越关注中国当地的市场，从而"当地市场利用"的特征越来越明显。截止到 2011 年 9 月的数据显示，中资企业与中国居民客户占外资银行总客户的比重已经过半，约为

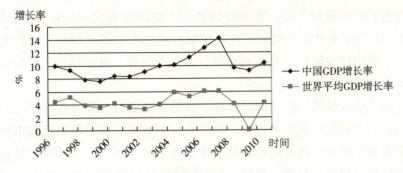

图 7.1　中国及世界平均 GDP 增长率

数据来源：世界银行网站。

54%；外资银行人民币资产份额占总资产的74%。

如果外资银行进入的动机是"当地市场利用"，那么就不能像"客户追随"型那样判断外资银行对客户具有较强的垄断程度。对于"当地市场利用"型的外资银行进入，没有哪个银行对当地的企业或者居民个人有垄断能力，在进入的时候大家面临的情况一样，这必然会涉及外资银行之间的竞争，同时，还有来自于中资银行的竞争。在分析"当地市场利用"外资银行进入的时候，传统的实物期权理论不再适用，而期权博弈理论更为合适。这里就必然涉及领先者、追随者、先动优势等问题。

第二节　我国银行业先动优势的实证检验

先动优势表现为"进入次序"与"银行表现"之间的正相关关系，进入的次序越靠前，银行的表现就越好。另外，从直觉上讲，银行在位时间越长，就越可能表现得好。银行业先动优势主要来源于信息不对称以及转换成本，进入的时间越长，信息不对称的问题就解决得更好，客户可能更习惯这个银行的产品，从而转换成本可能就越高，因此，在位时间越长，先动优势也就越大。另外"进入次序"可分为"相对进入次序"与"绝对进入次序"，本部分也通过这两种次序来验证先动优势是否存在。

一　数据说明

所用数据来自于全球银行与金融机构分析库（Bankscope）、相关银行

的年报、各年金融年鉴。数据为 1999 年①到 2012 年的年末数据，大约 200
家银行，700 多个样本数据，涉及的银行包括大型商业银行、股份制商业
银行、城市商业银行、农村商业银行、外资银行、邮政储蓄。原始数据参
考附表 3。

对于进入时间，大型商业银行、股份制商业银行都比较好确定。城市
商业银行大部分是由原来的城市信用社改制而来，如果能确定城市商业银
行主要是在哪一个城市信用社的基础上成立的，则"进入时间"就是该家
城市信用社的成立日期，否则，"进入时间"以城市商业银行的成立日期
为准；农村商业银行也采取类似的方法。对于外资银行，以其转制为法人
银行的日期为"进入时间"②。

表 7—1 为根据在位时间计算的平均存款情况。总体上来看，随着在位
时间的增长，平均存款的数额增加，尤其是在位 20 年以上的银行，其平
均存款数额相当大，是刚进入市场银行的 100 多倍。

表 7—1　　　　　　　　　　　　平均存款

在位时间	平均存款（Mil CNY）
0	22143.39
1	28729.18
2	37512.40
3	49119.64
4	53691.49
5	54231.75
6	49187.92
7	47633.98
8	39953.05
9	48817.59
10	61259.88
11	78916.00
12	90411.50
13	161638.03

---

①　以 1999 年为起始时间的原因：（1）1999 年之后的数据相对齐全些；（2）1979 年到 1999
年为 20 年，这样，从指标设置上能保证下文四个表示相对次序的解释变量都有可能获得取值。

②　本小节关注的是人民币零售业务，所以以外资银行法人成立时间为"进入时间"。

续表

在位时间	平均存款（Mil CNY）
14	196592.25
15	357418.12
16	538489.07
17	838325.25
18	1143327.80
19	1598374.19
20	1787600.35
20年以上	4051837.81

二 "相对进入次序"计量模型及结果分析

（一）计量模型

从目前来看，存款、贷款依然是中国银行业的主要业务，存贷利差依然是其重要收入来源，因此，本书选择存款作为银行表现（Bank Appearance）的代表性指标。下面就通过"相对进入次序"计量模型来检验银行进入的先后是否对该指标产生影响。

令 T 表示银行进入市场的时间。设以下五个虚拟变量，见表7—2：

表7—2　　　　　　　　　"相对进入次序"虚拟变量的取值

虚拟变量	在 t 年的取值
ROrder of entry[1] （Entrant $0 \leq T < 5$）	在 t 年，某银行 i 在过去的4年里进入，即 $0 \leq T < 5$，则取1，否则取0
ROrder of entry[2] （Entrant $5 \leq T < 10$）	在 t 年，若某银行 i 在过去的5—9年里进入，即 $5 \leq T < 10$，则取1，否则取0
ROrder of entry[3] （Entrant $10 \leq T < 20$）	在 t 年，若某银行 i 在过去的10—19年里进入，即 $10 \leq T < 20$，则取1，否则取0
ROrder of entry[4] （Entrant $T \geq 20$）	在 t 年，某银行 i 在位时间超过20年，即 $T \geq 20$①，则取1，否则取0（不包括1979年以前已经成立的银行）
IN1979	在 t 年，若银行在1979年以前成立，则取1，否则取0

---

① 哥德保（Goldberg）和怀特（White, 1998）认为银行通常会在进入市场20年左右后成熟。

回归方程如下：

$$Bank...Appearance_{i,t} = \sum_{j=1}^{4} \beta^j * ROrder...of...entry_{i,t}^j + aIN1979 + \sum_{j=1}^{8} \gamma Controls^j$$

$$+ v_{i,t} \quad \cdots\cdots\cdots\cdots\cdots\cdots\cdots\cdots\cdots\cdots\cdots\cdots\cdots\cdots\cdots\cdots\cdots\cdots\cdots\cdots\cdots\cdots\cdots (7.1)$$

其中 t 的取值区间为 1999 年到 2012 年。$Bank...Appearance_{i,t}$ 表示银行 i 在 t 年的表现，本书将选择存款（DEPT）的自然对数来刻画。$ROrder...of...entry_{i,t}^j$ 为相对进入次序；$IN1979$ 表示银行在 1979 年前成立，成立时间非常早，或者同时难以确定成立时间；$\sum_{j=1}^{8} \gamma Controls^j$ 为 8 个控制变量，包括银行 i 在 t 年的资产规模（Asset）、所有者权益规模（Equity）、人均 GDP（PGDP）以及根据银行类型所设置的虚拟变量，这五个虚拟变量分别为大型商业银行（LBanks）、股份制商业银行（JBanks）、城市商业银行（CBanks）、外资银行（FBanks）、农商行、农合行、邮储银行等（OBanks）。

（二）实证结果分析

表 7—3 为依据回归方程式（7.1），进入次序对银行表现的回归结果。被解释变量为存款的自然对数。第（1）列为基础回归；第（2）列考虑了一些控制变量。根据第（1）列的回归结果，1979 年以前就进入的银行与进入时间超过 20 年的银行表现最好。进入时间在 5—10 年的表现要比在最近 5 年进入的银行的表现好。总的来看，进入次序对银行的表现有一定的影响，进入得越晚，则表现得越差。

表 7—3　　　　　　进入次序对银行表现影响的 OLS 回归

	被解释变量 LnDEPT	
	样本区间：1999—2012	
	（1）	（2）
Entrant $0 \leqslant T < 5$	-1.591（0.000）***	-1.318（0.000）***
Entrant $5 \leqslant T < 10$	-0.923（0.000）***	-0.751（0.000）***
Entrant $10 \leqslant T < 20$	0.912（0.176）	0.115（0.061）*
Entrant $T \geqslant 20$	1.405（0.000）***	0.931（0.000）***
IN1979	1.261（0.031）**	-0.262（0.662）
Asset		2.49e-07（0.000）***

续表

	被解释变量 LnDEPT	
	样本区间：1999—2012	
	（1）	（2）
Equity		$-7.66e-07$ （0.303）
PGDP		0.048 （0.000）＊＊
LBanks		3.771 （0.000）＊＊＊
JBanks		2.212 （0.000）＊＊＊
CBanks		-0.033 （0.909）
FBanks		omitted
OBanks		0.877 （0.042）＊＊
Observations	778	774
R^2：within	0.365	0.472
Wald Chi2	376.18	615.91
P > Chi2	0.0000＊＊＊	0.000＊＊＊

注：＊ 为 $P \leqslant 0.1$，＊＊ 为 $P \leqslant 0.05$，＊＊＊ 为 $P \leqslant 0.01$。

由于银行性质不同、规模不同，其表现也会不同；人均 GDP 增长，对金融的需求也会增加，从而对银行的表现有一定的影响。因此，在回归中进一步考虑银行性质、资产规模、所有者权益、人均 GDP 等因素的影响。回归结果如表 7—3 第（2）列所示。结果显示 IN1979 的回归结果不显著，而 Entrant $0 \leqslant T < 5$、Entrant $5 \leqslant T < 10$，Entrant $T \geqslant 20$，Entrant $10 \leqslant T < 20$ 回归结果显著，并且相应的回归系数逐渐增大，表示进入的相对次序越早，则存款数额越大。结合第（1）列、第（2）列，综合来看，我国银行业确实存在先动优势。

三　"绝对进入次序"计量模型及结果分析

不过，回归方程式（7.1）中解释变量选择的是"相对进入次序"Entrant $0 \leqslant T < 5$、Entrant $5 \leqslant T < 10$、Entrant $10 \leqslant T < 20$、Entrant $T \geqslant 20$，还并不能完全反映进入次序的影响。例如，在 Entrant $0 \leqslant T < 5$ 变量中，1999 年、2000 年、2001 年……2012 年进入的银行，它可能都包括，因而无法反映如果是 1999 年进入的银行，与 2000 年的银行相比表现得会不会

更好些。下面本书就分析"绝对的进入次序"对银行表现的影响,具体而言体现为,如果进入次序不同,而在位时间相同,会不会对银行的表现有影响。回归方程如下:

$$Bank \ldots Appearance_{i,t} = \sum_{j=1}^{6} \beta^{j} * AOrder \ldots of \ldots entry_{i,t}^{j} + aNYears + v_{i,t}$$

.... (7.2)

其中 t 的取值区间依然是 1999 年到 2012 年。被解释变量为银行 i 在 t 年的存款数额;A Order of entry 的含义为"绝对进入次序",取值情况见表 7—4。NYear 为 t 年银行 i 已经成立的年数。通过该回归方程,可以大体上剔除先动优势中在位时间的影响,只反映"绝对进入次序"的影响,即如果进入次序不同,而在位时间相同,会对银行的表现有何影响。回归结果如表 7—5 所示。回归的结果显示,从绝对次序上来讲,进入得越晚,银行的表现就越差,本模型体现为存款数额的下降。同时,NYear 的系数为正,表示银行成立时间越长,银行的表现越好。

表 7—4　　　　　　　　　"绝对进入次序"虚拟变量取值

虚拟变量	在 t 年的取值
AOrder of entry[1] (1st to 5th entrant)	银行 i 在 1979 年及以前进入为第一个,1980 年进入设为第二个…… 若是在 1983 年以前进入,则该变量为 1,否则为 0
AOrder of entry[2] (6th to 10th entrant)	银行 i 在 1984—1989 年进入,则该变量为 1,否则为 0
Aorder of entry[3] (11th to 15th entrant)	银行 i 在 1990—1994 年进入,则该变量为 1,否则为 0
AOrder of entry[4] (16th to 20th entrant)	银行 i 在 1995—1999 年进入,则该变量为 1,否则为 0
AOrder of entry[5] (21th to 25th entrant)	银行 i 在 2000—2004 年进入,则该变量为 1,否则为 0
AOrder of entry[6] (26th to 30th entrant)	银行 i 在 2005—2012 年进入,则该变量为 1,否则为 0

表 7—5　　　　　　　　　　对先动优势的进一步检验

被解释变量 DEPT	解释变量
	样本区间:1999—2012
1st to 5th entrant	−3539445 (0.000)***

续表

被解释变量 DEPT	解释变量
	样本区间：1999—2012
6th to 10th entrant	-4663974 (0.000)***
11th to 15th entrant	-4948339 (0.000)***
16th to 20th entrant	-4958158 (0.000)***
21th to 25th entrant	-4991999 (0.000)***
NYear	752.9832 (0.000)***
Observations	781
R^2	0.86
Wald Chi2	1647.6
Prob > Chi2	0.0000

注：* 为 $P \leqslant 0.1$，** 为 $P \leqslant 0.05$，*** 为 $P \leqslant 0.01$。

本部分计量模型从"相对进入次序"、"绝对进入次序"两个方面证明了先动优势的存在，即银行越早进入，则表现得越可能更好；同时，时间越长，则先动优势越明显。

第三节　中资银行作为领先者、外资银行作为追随者的期权博弈

本书的第七章第二节部分验证中国银行业确实存在先动优势，本部分主要利用先动优势来分析中资银行、外资银行在人民币零售市场上的期权博弈。

一　中资银行的反应

2006 年 12 月 11 日，中国银行业对外资全面开放，逐步开放人民币零售业务市场。在"法人银行导向"政策的引导下，部分外资银行转制为法人，开始开展人民币零售业务。显然在这个市场上，中资银行是领先者，外资银行是追随者，中资银行占了一定的先机，并且在外资银行进入这个

领域之前，获得了一定的垄断利润①。

对于中资银行，为了更持久地获得垄断利润，它会设法延迟外资银行的进入时机。根据第四章的期权博弈模型的结论，领先者会尽可能地扩大先动优势，以推迟追随者的进入时机。银行业的先动优势产生的原因主要在于转换成本。而转换成本来源于客户对先入银行的满意度及信息不对称的解决程度。满意度主要表现为舒适的营业环境、众多的营业网点、网上银行良好的界面、以较低的价格获得满意的产品或者服务；信息不对称的程度越严重，对银行提供产品的安全性、获得产品的便利性越是不确定，则越不愿意接受这个银行的产品。

中资银行最突出的优势在于遍布城乡的密集网点体系，而外资银行在这方面无法和本地银行相比。中国银行业协会2011年3月15日发布的报告显示，2010年年末，全国银行业金融机构网点总数达19.49万家，其中新增设网点1514家。然而这其中归属于外资银行名下的网点总数，几乎可以忽略不计。人民币的同城清算、跨系统清算网络完善，拥有遍布全国的经营网点和完善的业务体系，外资银行难以企及。外资银行在网点上没有优势，信用卡业务同样也难以与中资企业相比，截止到2012年年底，仅有三家外资法人银行获批进行信用卡业务，中资银行垄断信用卡业务的95％以上。这将导致外资银行在进入零售领域的时候面临着巨大的来自中资银行的先动优势的压力。

中资银行的服务水平也在不断地提高，使得客户对中资银行的忠诚度有所提高。本书引用中国银监会纪委书记王华庆在"2011年中国银行业服务改进情况发布会"上的致辞来说明这个问题："广大银行业金融机构非常重视改革银行服务，始终把提升客户服务质量作为发展战略的重要部分。通过大力加强金融产品开发和风险定价能力建设，提供更加多元化的金融产品和服务，帮助金融消费者实现更加有效的财富管理；努力推进信息科技系统建设，加强网点改造，加大自助机具布设，让广大金融消费者享受更加便利、快捷、安全的金融服务；推动文明规范服务活动，加强员工培训，建立健全消费者权益保护工作机制，认真倾听消费者诉求，提升文明规范服务水平，努力打造'最受信赖的友好型银行'。"

中资银行，尤其是国有商业银行，国家的隐形担保是其坚强的后盾，

---

① 此处，将中资银行视为一个整体。

在老百姓的心目中，抗风险能力较强。另外，中资银行更为熟悉中国的国情。在存在极大信息不对称的银行业当中，这两点使得中资银行具有一定的优势。

以上三点从中资银行角度说明客户在选择作为追随者的外资银行的时候，面临着一些转换成本，从而使中资银行存在一定的先动优势。

二　外资银行的反应

从外资银行角度来看，在减少转换成本从而降低中资银行的先动优势的影响方面也不是无所作为的。

总体来看，外资银行的优势表现在雄厚的实力、全球性的业务网络、先进的管理模式和风险控制能力、成熟的金融产品等方面，这会使得中资银行先动优势有所减弱。实力本身是解决信息不对称的一个因素。即使其他的什么都不做，实力较雄厚的外资银行也更容易获得肯定，从而可能获得更多客户的青睐。同时，外资银行实力雄厚，可以投入更多的资金做广告，从而使得更多的客户了解它；更可能做大规模的投资，从而具有规模经济优势；科研实力更为雄厚，往往能在领先的投资中获得更多的信息。对中国市场的熟悉程度也会影响转换成本，这事实上还是与信息不对称相关。到中国的时间越长，母国距离中国越近，则对中国的国情就越为熟悉，客户对其越信任，从而客户由中资银行转向外资银行时候，转换成本就更小。

2006年12月24日，渣打银行、东亚银行、汇丰银行、恒生银行、日本瑞穗实业银行、日本三菱东京日联银行、新加坡星展银行、花旗银行、荷兰银行9家外资银行受聘获准改制，这9家银行在中国境内分行数量占外资银行在华分行总数的34%，总资产占外资银行在华总资产的55%，盈利占外资银行在华盈利的58%。2007年4月23日，汇丰银行、东亚银行、渣打银行、花旗银行的法人机构开始正式向本地居民提供人民币业务。2007年率先转制为法人的外资银行或者率先向当地居民提供人民币业务的，通常都是实力相当雄厚的。根据2013年《银行家》杂志的排名，花旗排在世界第5位，汇丰第3位，日本三菱东京日联银行第19位，日本瑞穗第41位，渣打第33位，新加坡星展银行第58位。虽然东亚银行、恒生银行在世界的排名中比较靠后，但是这两家银行是香港银行，对中国国情较为熟悉。

外资银行进入中国的时间也影响到先动优势。这9家银行都比较早地进入中国，到2006年，至少都有十几年在中国经营的历史，甚至有的银行达到二十几年（见表7—6），从而对中国比较了解，可以较好地解决信息不对称的问题。

表7—6 最早获准转制法人银行进入中国时间

外资银行	进入时间
渣打银行	1985
汇丰银行	1986
日本三菱东京日联银行	1986
东亚银行	1987
日本瑞穗实业银行	1987
花旗银行	1988
荷兰银行	1993
新加坡星展银行	1994
恒生银行	1995

资料来源：各年《中国金融年鉴》。

外资银行在从事人民币零售业务中，网点少是最大的限制。这也是影响转换成本非常重要的因素。率先转制以及率先从事人民币零售业的外资银行在网点上与其他外资银行相比具有一定优势，当然与中资银行的差距还是很远的。表7—7是截止到2006年年底网点数最多的5家外资银行，占总营业性机构的49%。2006年之后，外资银行在营业网点上扩张的速度是比之前要快得多，到2012年，营业网点数达到412家，这五家银行仍然名列前茅。

表7—7 截止到2006年年底网点最多的5家外资银行

外资银行	截止到2006年年底网点数
汇丰银行	31
东亚银行	31
渣打银行	20
花旗银行	13
恒生银行	15

资料来源：2007年《中国金融年鉴》。

除了大力扩张营业网点外，越来越多的外资银行开始打广告，使更多的居民客户熟悉外资银行，减少信息不对称，从而减少转换成本。花旗银行在中国获准经营人民币零售业务当天，花旗中国副行长、零售银行业务总经理石安楠就公开表示，会加大花旗个人银行的广告投放力度。而其他的外资银行业逐渐加大其在广告宣传上的投入。花旗、汇丰、渣打等是大众比较熟悉的，传统上广告投入就比较多，而一些不为大家所熟悉的如摩根大通瑞银集团、法国巴黎银行、苏格兰皇家银行、星展银行等也逐渐开始在杂志、报纸上打广告，向中国的普通居民传达自己的理念。

总的来看，在这个中资银行作为领先者、外资银行作为追随者的人民币零售市场上，中资银行会尽可能地提高客户的满意度、降低信息不对称等来扩大先动优势，从而阻止外资银行的进入，以便可以在较长时间里获得垄断利润。而外资银行也会采取各种措施减弱先动优势带来的影响。但是，从总体上来看，外资银行自身的一些优势，比如雄厚的实力、拥有全球性的业务网络、先进的管理模式和风险控制能力、成熟的金融产品等，可以在一定程度上削弱先动优势所带来的不利影响。那些实力雄厚、营业网点较多、进入时间较长的外资银行，由于先动优势带来的不利影响较小，从而会更早地进入这个市场。进入这个领域以后，外资银行还可以从继续扩大营业网点、加大广告力度宣传等方面减少客户的转换成本，从而吸引更多的居民客户。

第四节　外资银行不做追随者的期权博弈

农村金融市场是中资银行长期忽略的市场，进入这个市场可以避免作为追随者的不利境地。外资银行进入农村金融市场，长期来看，可视作领先者；短期来看，可视作垄断者。

一　外资银行进入中国农村金融市场概况

农村金融市场是外资银行进入的重要领域。农村金融市场的供给严重不足。目前我国农村仍有40%—60%的地区尚未获得正规金融服务。农村金融供给的严重不足归因于中资正规金融对该市场长期的忽略。从1997年开始，四大国有商业银行包括农业银行，都开始逐步收缩农村中的分支机构，服务重点转向城市。农村信用合作社强调资金的集中使用，其资金

也是逐步向城市倒流。而中国邮政储蓄作为农村金融资源的主要提供者，
2009 年其储蓄所也仅仅覆盖了中国 16% 的"行政村"，而且其吸纳的资金
一般都集中在地市级以上机构，针对农村发放的贷款很少。总的来讲，中
国农村金融市场服务供给严重不足，竞争主体严重缺位。

　　2006 年 12 月 20 日，针对我国农村地区金融服务不足、竞争不充分的
状况，银监会颁布了《关于调整放宽农村地区银行业金融机构准入政策
更好支持社会主义新农村建设的若干意见》，放宽了农村地区银行业金融
机构准入标准，这为外资银行进入中国农村市场拉开帷幕。在一系列政策
的推动下，外资银行纷纷抢滩中国农村金融市场，成为进入农村金融市场
的生力军，这迫使国内的金融机构也开始重新审视农村金融市场，重新调
整农村金融发展战略。

　　2007 年 8 月，中国银监会发布进一步放宽银行业金融机构进入农村地
域的准入政策。2008 年 4 月，《中国银监会关于银行业金融机构进一步加
大支持力度，促进农业和粮食生产发展的意见》进一步要求调整放宽农村
地区银行业金融机构准入政策试点工作，加快新型农村金融机构组建进
度。2008 年 10 月 14 日，十七届三中全会对农村问题予以前所未有的重
视，此次会议审议并通过了《中共中央关于推进农村改革发展若干重大问
题的决定》，会议要求"建立现代农村金融制度"。现代农村金融制度的建
立无疑将为现代农村的建设注入新鲜血液，同时，农村也将给各类金融机
构带来巨大的市场。截止到 2008 年年底，全国共有 107 家新型农村金融
机构开业，其中村镇银行 91 家，贷款公司 6 家，农村资金互助社 10 家。
已开业的 107 家机构共吸收存款 64.6 亿元，贷款余额 34.2 亿元，96% 的
贷款投向农村小企业和农户。2009 年，银监会制定《新型农村金融机构
2009—2011 年总体工作安排》，计划在全国再设立 1300 家左右新型农村金
融机构，重点向金融网点覆盖率低、金融服务不足的中西部倾斜，争取通
过 3 年努力，与现有机构一起实现县（市）及以下乡镇金融服务全覆盖。
同年，修订《贷款公司管理规定》、《小额贷款公司改制设立村镇银行暂行
规定》，引导小额贷款公司健康发展。2009 年共有 43 家农村商业银行、
196 家农村合作银行开业。截止到 2009 年年底，共核准 172 家新型农村金
融机构开业，其中村镇银行 148 家、贷款公司 8 家和农村资金互助社 16
家。已开业的新型农村金融机构存款余额 269 亿元，贷款余额 181 亿元。
2010 年，银监会印发《关于加快发展新型农村金融机构有关事宜的通

知》，继续坚持创新培育模式与强化风险监管并举，大力培育发展新型农村金融机构；2010年7月，人民银行、银监会、保监会、证监会在开展9省农村金融产品和服务创新试点的基础上，引发《关于全面推进农村金融产品和服务方式创新的指导意见》，要求将农村金融产品和服务方式创新工作扩展到全国范围，探索低成本、可复制、易推广的金融产品和服务方式。2012年12月，银监会发布了《关于银行业金融机构做好老少边穷地区农村金融服务工作有关事项的通知》，进一步放开银行业金融机构准入政策，鼓励各类银行业金融机构在老、少、边、穷地区增设机构网点。截止到2013年10月，全国共组建新型农村金融机构1063家，其中村镇银行1000家，贷款公司14家，农村资金互助社49家。

外资银行进入中国农村的主要形式是村镇银行。到2013年，汇丰银行的村镇银行已经达到12家，服务网点总数达20个，遍布中国中、西、东部，形成了外资银行中最大的村镇银行网络，如表7—8所示。澳新联邦银行在河南已经成立了5家村镇银行。东亚银行已设立1家村镇银行。花旗银行主要采取贷款公司的形式进入农村金融市场，见表7—9。目前来看，贷款公司模式非常合适花旗开拓中国农村金融市场：一方面发展比较稳健，业务模式得到了当地客户群体和监管部门的认可，另一方面贷款规模的增长速度比预期的要快。渣打银行也加入到农村金融市场当中来。

表7—8　　　　　　汇丰银行进入中国农村金融市场概况

2007年12月13日	湖北随州曾都汇丰村镇银行有限责任公司成立
2008年9月2日	重庆大足汇丰村镇银行有限责任公司成立
2008年10月15日	福建永安汇丰村镇银行有限责任公司成立
2009年2月12日	北京密云汇丰村镇银行有限责任公司成立
2009年3月19日	广东恩平汇丰村镇银行有限责任公司成立
2009年12月21日	重庆丰都汇丰村镇银行有限责任公司成立
2009年12月30日	大连普兰店村镇银行有限责任公司成立
2010年9月14日	湖北天门汇丰村镇银行有限责任公司成立
2010年12月3日	重庆荣昌汇丰村镇银行有限责任公司成立
2010年12月30日	湖南平江汇丰村镇银行有限责任公司成立
2011年7月	山东荣成汇丰村镇银行有限责任公司成立

资料来源：根据相关新闻整理。

表 7—9　　　　　　　　　　花旗进入中国农村金融市场情况

2008 年 12 月 16 日	湖北荆州公安花旗贷款有限责任公司成立
2009 年 3 月 18 日	湖北咸宁赤壁花旗贷款有限公司成立
2009 年 1 月 13 日	大连瓦房店花旗贷款有限责任公司成立
2011 年 9 月 23 日	重庆北碚花旗贷款有限责任公司成立

资料来源：根据相关新闻整理。

2007 年 12 月 21 日，渣打银行与香港溢达集团在乌鲁木齐签署合作备忘录，在新疆共同推出农民小额贷款试点项目，这是外资银行第一次在中国参与直接面向农户的贷款项目。2009 年 2 月 4 日，和林格尔渣打村镇银行在内蒙古正式成立，这是渣打银行在华设立的首家村镇银行。根据中国证券报 2009 年 2 月 4 日消息称，渣打银行在中国内地开展农村金融的三大战略已确定。该行在华农村金融战略将分为农产品业务、第三方合作以及直接参与三大重要组成部分。和林格尔渣打村镇银行属于直接参与。农产品业务方面，渣打将致力于为在中国农村地区有显著投资的一些国际知名企业提供金融服务，并已在新疆推出了小额农贷试点项目。在第三方合作方面，渣打已与中国扶贫基金会合作，为农村小额信贷项目提供贷款，今后将继续通过与本地有经验的中介合作，为农民提供小额信贷。澳新银行集团参与上海农村商业银行 19.9% 的股份，于 2009 年 9 月设立了重庆澳新村镇银行；2010 年，西班牙国际银行和中国建设银行共同组建一家金融控股公司，西班牙国际银行拥有其中 40% 的股权等。

二　外资银行进入中国农村金融市场时机的实物期权分析

1. 外资银行进入农村实物期权的性质

2006 年银监会颁布了《关于调整放宽农村地区银行业金融机构准入政策　更好支持社会主义新农村建设的若干意见》放宽了农村地区银行业金融机构准入标准之后，外资银行具有了进入农村金融市场的资格，从进入时机上来看，外资银行进入是比较迅速的，在外资银行的带动下，中资银行也纷纷重新进入农村金融市场。

在分析外资银行进入农村时机之前，有必要界定出外资银行进入农村这样一个机会的性质。

外资银行进入农村金融市场的一个重要原因是在中心城市区域的扩张

不顺利。在中心城市区域市场上，外资银行是追随者，面临着中资银行的先动优势。中资银行的客户满意度不断提高，使得客户尤其是高端客户在转向外资银行的时候，面临的转换成本越来越大，从而外资银行在与中资银行争夺客户时面临着巨大的阻力；另外，网点数量始终是外资银行与中资银行竞争的一个羁绊，这也是中资银行先动优势的一个体现。根据第四章的结论，将有两个原因导致外资银行延后进入。一个原因是，转换成本越高，即先动优势越大，追随者的进入时机就越延后；另一个原因是，外资银行进入后，导致市场竞争加剧，从而能够收取的服务价格下跌、利润下降，从而延迟进入。同时，监管机构为了避免中心城市金融业的过度竞争、控制金融风险，在外资银行设立分支机构方面越来越谨慎，从而外资银行获得进入的机会就更少了。这样，外资银行作为追随者在这个市场上的境况并不是非常好。而农村金融市场的供给严重不足，如果进入这个市场，外资银行可以避免作为追随者的不利境地，成为领先者。同时在这个市场上，由于供给不足，如果外资银行进入，则该外资银行很可能就成为当地唯一的金融服务提供者，且在其后的一定时间里，可以不考虑竞争者的影响，因为供给严重不足，其他的农村金融服务提供商可以选择另外的农村地区进入，没有必要与其竞争。这样，外资银行进入农村市场这样一个投资机会，在较短的一段时间内可视作是垄断，传统的实物期权理论适用。

所以，总的来看，外资银行进入农村市场这样一个投资机会，一方面是为了避免作为追随者的不利境地，从长期来看它是作为领先者进入；另一方面从短期来看，又是一垄断机会，传统的实物期权理论适用。

2. 外资银行进入中国农村时机分析

（1）各项促进农村金融发展的政策的推出，导致外资银行进入机会增加，同时不确定性大幅度减少，促进外资银行进入

从 2006 年银监会颁布了《关于调整放宽农村地区银行业金融机构准入政策　更好支持社会主义新农村建设的若干意见》，放宽了农村地区银行业金融机构准入标准之后，外资银行具有了进入农村金融市场的资格。其后，促进农村金融发展的政策不断推出。这从两个方面影响外资银行的进入时机。一方面，各种政策的推出，说明中国政府促进农村金融的发展的意愿是迫切的，这样外资银行会更容易获得进入的机会；另一方面，政策对于不确定性的影响非常大，一系列的、明确的促进农村金融发展的各

项政策的出台，使外资银行对农村金融的未来有了极大的信心，从而纷纷重视农村金融市场。

（2）良好的前景，可观的回报，加速外资银行进入农村金融市场

中国的农村拥有 9 亿多的农民，其收入不断增加；中国的农业产业迅速发展，需要大量的资金作为支持；中国乡镇工业也在蓬勃发展，也需要大量的金融服务。但是农村的金融服务的供给却是严重不足的。中国的"三农"问题也得到了前所未有的重视，政策上不断向此倾斜，正如经济学家左小蕾、淡马锡专业人士所言，"如果把同样的努力投入到农村地区，30 年后的农村金融市场可以和城市金融市场一样发达"、"今日的农村，就是明日的城镇，不久之后更将成为欣欣向荣的城市"，未来农村金融的需求将会更旺盛。良好的前景，意味着这样一个投资机会的价值大，外资银行更愿意拥有这样的投资机会。同时，早进入这样一个市场，可以抢得先机，等到这市场饱和时，与后人者相比，可以具有较强的先动优势。

另外，目前经营农村金融业务，也并不像传统观点那样"风险大、盈利难"，事实上，外资银行很快就实现了盈利。中国银监会主席刘明康就曾披露，到 2008 年年底，相当数量的小型金融机构和新型金融机构突破了盈亏平衡点，开始赚钱。花旗（中国）市场营销及业务发展总监张凯 2011 年 12 月表示："花旗现在设立的 4 家贷款公司总计资本金已经达到 2100 万美元，除重庆北碚的贷款公司外，之前的 3 家在今年将实现总体全年盈利，而其中一家在成立后的一年内就实现了盈利。"

此处的回报不仅仅包括来自农村金融业务的回报，还包括其他形式。进军中国农村金融市场，表明了外资银行一种友好的姿态，以较低的成本获得监管机构的好感，从而可能在别的发达城市开设分行时获得加分。

（3）农村金融机构可享受一系列优惠，从而促进外资银行进入农村

开展包括村镇银行在内的县域金融机构涉农贷款增量奖励试点工作，对涉农贷款余额增长满足要求的县域金融机构，给予一定比例的奖励，通过以奖代补，增强机构抗风险能力；人民银行和银监会联合印发了《中国人民银行中国银行业监督管理委员会关于村镇银行、贷款公司、农村资金互助社、小额贷款公司有关政策的通知》（银发〔2008〕137 号），明确了村镇银行在存款准备金、利率、支付清算、会计、征信、金融统计和监管报表等方面的政策。其中村镇银行的存款准备金率比照当地农村信用社执

行，目前人民银行对农村信用社、农村合作银行执行 11% 的存款准备金率，比大型商业银行存款准备金率低 4.5 个百分点；而对资产规模较小、支农贷款比例较高的 1379 个县（市）农村信用社、农村合作银行执行 10% 的存款准备金率。人民银行印发了《中国人民银行关于完善支农再贷款管理 支持春耕备耕 扩大"三农"信贷投放的通知》（银发〔2009〕38 号），决定将支农再贷款对象由农村信用社扩大到农村合作银行、农村商业银行以及村镇银行等县域内存款类金融机构法人。

根据《财政部、国家税务总局关于农村金融有关税收政策的通知》（财税〔2010〕4 号）规定：自 2009 年 1 月 1 日至 2013 年 12 月 31 日，农村金融机构可享受多项税收优惠政策：对金融机构农户小额贷款的利息收入，免征营业税；对金融机构农户小额贷款的利息收入在计算应纳税所得额时，按 90% 计入收入总额；对农村信用社、村镇银行、农村资金互助社、由银行业机构全资发起设立的贷款公司、法人机构所在地县（含县级市、区、旗）及县以下地区的农村合作银行和农村商业银行的金融保险业收入减按 3% 的税率征收营业税（2011 年 10 月 20 日，为支持农村金融发展，经国务院同意，对农村金融机构收入减按 3% 的税率征收营业税政策执行期限延长至 2015 年 12 月 31 日）；对保险公司为种植业、养殖业提供保险业务取得的保费收入，在计算应纳税所得额时，按 90% 的比例减计收入。

一系列优惠政策的颁布，使银行进入农村所能获得的当期现金流增加，从而增加等待的机会成本，促使银行立即进入。同时，这些优惠政策依然昭示着监管层对于农村金融的重视，从而从事农村金融在政策上所面临的不确定性比较小。

（4）外资银行自身特点对其进入时机的影响

汇丰、花旗、渣打是最早进入中国农村金融市场的，且设立分支机构较多。这三家外资银行是第一批转制为法人银行的，显示了其经营人民币零售业务的能力、决心与信心。响应银监会的号召，率先进入农村金融市场，以博得监管者的好感，从而在经济发达地区设立分支机构时能获得一定的支持，或者说阻力不那么大；这三家银行在中国的历史都比较悠久，对中国的国情比较了解，在进入中国的农村金融市场时，面临的不确定性较小；同时这几家银行的实力比较雄厚，即使一开始在农村金融市场上不能盈利，对其影响也不大。

3. 存在的问题

（1）政策扶持不到位

某些地方职能部门为吸引新型农村金融机构的进入，做出一系列优惠承诺，但是当这些机构进驻时，却不兑现承诺。

（2）风险补偿机制缺失

农业本身有其特殊性，其生产时间长，资金周转时间长；且其产出极易受到天气、市场的影响，产出具有极大的不确定性，这使得从事农村金融的各类机构面临极大的不确定性。如果有健全的风险补偿机制或者相应的保险机制，则可以化解此类风险，减少不确定性，但是目前，此类机制缺失。

农村金融机构本身也是秉承着"盈利"的目的，在风险补偿机制缺失的情况下，这些金融机构多愿意建立在较发达地区的县、镇一级。如果风险补偿机制不完善，则很难覆盖到中西部欠发达地区及县镇以下的地区。

4. 相关建议

截止到 2013 年 10 月，农村新型金融机构 1063 家。银监会曾计划到 2011 年年底农村新型金融机构达到 1300 家，这一目标到 2013 年仍未达到。可以预见，在今后的几年里，推动农村金融机构的建设这一目标应该不会变。结合这一目标，以及农村金融机构建设中存在的问题，提出两点建议：

（1）继续从政策上扶持农村金融，继续各项优惠措施促进其发展。这一方面表明政府的态度，从而降低不确定性；另一方面，各项优惠措施会带来可观的利润流，增大等待的机会成本，从而促进农村金融机构的加速进行。

（2）建立风险补偿机制，或者相应的保险机制。这样可使农村金融机构面临的来自农业的特殊风险得以降低，从而加速其进入，尤其是加速偏远、不发达地区农村金融机构的进入。

第五节　对于监管者的意义

在进入一个行业的时候，进入者需要经过监管者审批同意后才能进入。而监管者与企业所站的角度是不同的。监管者还需要考虑企业进入后对社会福利的影响，对于某些行业，比如金融业，还要考虑到企业一旦倒闭所产生的极恶劣的社会后果。所以企业想进入的时候，监管者未必让其进入，原本不想进入的企业，监管者却有可能愿意其进入。

在未来存在不确定性的情况下，监管者在是否批准企业进入的时候，也不可能做到绝对没有风险。能做到的是让风险控制在一定的概率范围内。

假设目前市场冲击初始状态为 $Y_0 = 1, a = 0.2, \sigma = 0.5$ ，用二叉树的模型来分析这个问题。上升下降的概率都是0.5。

假定监管机构认为如果市场冲击达到0.5以下，企业就会亏损并且会引起严重的社会问题。再假设监管机构希望把这种情况出现的概率控制在15%以下。下面根据图7.2看一下监管机构的行为。

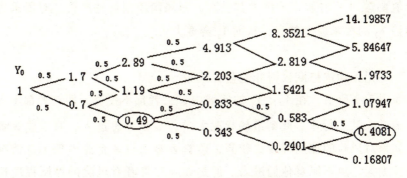

图 7.2　市场冲击的二叉树模型

假设目前 $Y_0 = 1$ 的时刻，企业认为已经可以进入了。但是监管机构可能却不这么认为。观察一下，图中的两处椭圆形区域的数值都小于0.5，即这两种情况都是监管机构所想避免的，或者说，是要控制其概率在一定的范围内的。如果在 $Y_0 = 1$ 处企业进行投资，将来 Y 在0.5之下的概率为 $0.5 \times 0.5 + 0.5 \times 0.5 \times 0.5 \times 0.5 \times 0.5 = 0.2812 > 0.15$，所以在这样的情况下，监管机构考虑到将来该企业引起较严重的社会问题的可能性比较大，远远大于15%的控制水平。所以，此刻即使该企业申请加入，监管机构也不会同意。

如果现在企业不申请加入，等着市场状况变得更好些，比如到了 $Y = 1.7$ 的时刻再申请加入，此刻，该企业的投资价值会变得更大，从第四章期权博弈的相关图中可以看出，无论是立即进入还是等待其价值都会更高一些。假设在此处，该企业仍然想立即进入。从 $Y = 1.7$ 开始，Y 波动到

0.4081 的时候，概率为 $0.5 \times 0.5 \times 0.5 \times 0.5 = 0.125 < 0.15$，则监管机构可以批准其加入。

总的来讲，对于同样一个较差的 Y 目标水平，Y_0 从更高的值开始波动，比起从较低的值开始波动，达到的同样一个较差 Y 目标水平的概率要小得多。所以，如果市场状况更好、相应的企业价值更大些，对于监管机构来讲，更有可能批准其进入。

如果监管机构监管得松一点，比如说，Y 达到 0.5 以下的概率只要小于30% 就可以批准进入，那么在本例子当中，在 $Y_0 = 1$ 的时刻，企业虽然具有较低的价值，也可以批准其进入。

假设监管机构根据控制风险的程度，要求 Y_0 达到一定水平，从而企业的价值要达到 V_j 时候，才批准其进入。对风险控制得越严格，对要求进入的初始 Y_0 的要求就会越高，从而 V_j 会更大。

一　无先动优势期权博弈的监管政策

如图 7.3 所示，在 $Y < Y_1$ 的区域内，二者都不投资。即二者都不会提出申请进入某一行业。此刻市场状况太差，谁都不想进入。对于监管者来讲，如果对风险的控制程度比较高，监管者鉴于将来企业出现不良情况的可能性太大，也不愿意他们进入。但是如果监管者对风险的控制程度比较低（比如某些行业中，一个企业的倒闭不会引起较大的社会问题，那么监管者对风险的控制程度就比较低），因此可能希望其进入。但是，在其他政策不变的情况下，监管者也是无能为力的。虽然对于进入者而言，它的价值函数曲线有一段是在横坐标轴之上的，也就是说，在这一段里，它即使进入，平均来看也不会亏损，但是它会觉得如果等等，看看情况再决定是否进行投资会来得更稳妥些。

在 $Y_1 < Y < Y_2$ 区域内，二者争当领先者。一旦一方当了领先者之后，另一方就自动选择等待。即在这个区域内，只有一个企业进入。但是这个时候市场上面临的价格是 $D(1)$，$D(1)$ 的价格比较高。但是监管者可能希望价格更低些，同时供给量更多，这样社会的福利更大，即监管者希望两者都进入，从而对整个社会的福利更大。在该区域内，由于二者争当领先者，很可能都向监管者提出申请。此刻就需要监管者对经济形势作出正确的判断，从而决定是批准一家、两家还是一家都不批准。

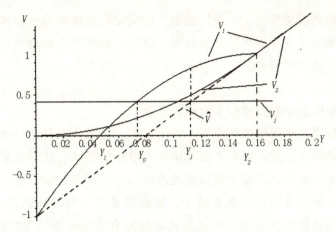

图 7.3　无先动优势期权博弈下的监管

图中, $D(Q) = \dfrac{1}{Q}, \delta = 0.04, \beta_1 = 2, I = 1, Y_2 = 0.16$

假设 $\hat{V} = \dfrac{YD(2)}{\delta} - I$ 与 V_j 的交点为 Y_j, V_1 与 V_j 的交点为 Y_0。从图 7.3 可以看出, Y_j 介于 Y_1、Y_2 之间。当 $Y < Y_0$, 由于领先进入者的价值 V_1 小于 V_j, 同时二者共同投资情况下 $\hat{V}$ 小于 V_j, 所以监管者不会批准任何企业进入。区域 $Y_0 < Y < Y_j$, V_1 大于 V_j, 但是 $\hat{V}$ 小于 V_j, 监管者会批准其中的一家, 而不会批准其同时进入。此处也可以看出, 对于监管而言, 光靠审慎性的监管是不够的, 限制性的监管是必不可少的。如果经济形势处在 $Y_0 < Y < Y_j$, 虽然两家企业可能都是该领域的佼佼者, 都具有较好的风险控制能力, 但是在二者都申请进入的情况下, 监管者也不能同意二者都进入。

区域 $Y_j < Y < Y_2$, $\hat{V}$ 大于 V_j。监管者会同意两家企业都进入, 这样对社会的福利更大些。但是, 一般来讲, 即使审批成功后, 企业也可以不进入这个市场。在这样的情况下, 最终两个企业是都进入, 还是一个进入、另外一个等待, 需要看二者是属于何种博弈。如果是合作博弈, 则一家进入, 另一家等待。如果是对抗性博弈, 则两者都进入, 两败俱伤, 但是对于所要进入的行业可能是有利的。当 $Y > Y_2$ 时, 两家企业都申请进入, 而且 $\hat{V}$ 大于 V_j, 监管机构同意两家都进入, 而且结果也将是两家都进入。

监管者在批准是否允许企业进入的时候, 要综合考虑目前的市场状况，对风险的控制程度、企业所能做出的反应以及所要进入行业的竞争情况、社会福利情况等做出综合的判断。因此，监管者的决定与企业所意愿的决定有可能是不同的。

二　异质企业期权博弈下的监管政策

根据异质企业期权博弈模型，引入监管，会得出这样的结论，一定的市场环境条件下，强者和弱者都希望进入市场的时候，让弱者进入而不让强者进入是可能的。这是个看似很荒谬的结论，但是仔细分析，是有一定的道理的。领先者的先动优势越大，则追随者进入的时机就越可能推迟。由于强领先者所能带来的先动优势比弱领先者所能带来的先动优势更大，因此弱追随者进入的时机要比强追随者进入的时机晚得多，从而使得强领先者比弱领先者能够获得更长时间的垄断利润。如果监管者希望这个行业垄断时间变短，从而扩大社会福利的话，则监管者有可能先批准弱势企业进入。

但是，监管者还必须控制好风险。一般来讲，强企业的风险控制能力可能要比弱企业强些。假设这种风险控制能力体现在收益的波动上。即二者的预期收益相同，但是强者由于风险控制得较好，所以收益的波动程度小。而弱者收益的波动程度大，即弱者采取了更为激进的投资措施，一旦形势好，得到的收益就比强者多。但是一旦市场状况不好，则损失的程度要比强者大。这样，弱者达到不良状况的可能性要更大些。要使得弱者达到不良状况的可能减小，就需要弱者进入市场的时候市场状况更好些，从而进入的时机可以更晚些，即要求弱者进入时的项目的价值要更大些，才可以批准其进入。

假设对于强领先者，监管机构批准其进入的价值为 V_j^1，对于弱领先者，监管机构批准其进入的价值为 V_j^2，$V_j^1 < V_j^2$。假设 V_j^1、V_j^2 与 V_1^1、V_1^2 的交点分别为 A、B。所对应的市场状况为 Y_A、Y_B。在区域 $Y_A < Y < Y_B$，$V_1^1 > V_j^1$，$V_1^2 > V_j^2$，可批准强者进入，不批准弱者。在区域 $Y_B < Y < \hat{Y}_2$，$V_1^2 > V_j^2$，可以批准弱者进入；当然此刻批准强者入、不批准弱者进入也是可以的。但是如果再综合考虑到监管者希望尽快有更多竞争者进入市场的

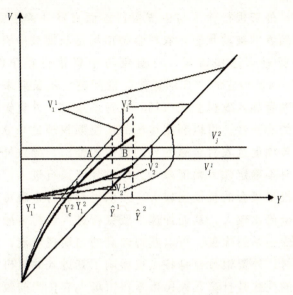

图 7.4　异质企业期权博弈下的监管

图中, $D(Q) = \dfrac{1}{Q}, \delta = 0.04, \beta_1 = 2, I = 1, \Delta C_1 = 0.3, \Delta C_2 = 0.1$

Y_1^1 为 V_2^1 与 V_1^1 的交点, Y_c^1 为 V_1^1 与 V_2^2 的交点, Y_c^2 为 V_1^2 与 V_2^1 的交点

话, 则可以让弱者入而强者等待, 如图 7.4 所示。

第六节　本章小结

　　虽然总体上来看, 我国外资银行进入动机的特征是"客户追随", 但是却逐渐显现出"市场利用"的特征, 尤其是 2006 年后人民币零售业务对外资银行开放之后。进入动机"市场利用"的特征表明, 在分析外资银行进入时机时, 期权博弈理论更为适用。在人民币零售市场上, 中资银行是领先者, 外资银行是追随者。外资银行在进入的时候面临着"先动优势"对它的不利影响。中资银行网点众多、有国家的隐形担保, 加上中资银行不断努力地改善服务, 使客户在选择外资银行的时候面临着较大的"转换成本"。但是外资银行也不是毫无办法, 它们加紧布局营业网点, 加大广告投入降低信息不对称, 并且外资银行本身也有其优势, 如实力雄厚(本身就是解决信息不对称的重要方式)、拥有全球性的业务网络、先进的管理模式和风险控制能力、成熟的金融产品等, 从而使得客户在选择外资银行的时候, 感受到的"转换成本"

不是那么大。外资银行除了与中资银行正面交锋外，还可以独辟蹊径，避免作为追随者的被动状态。农村金融市场是长期被中资银行忽略的市场，外资银行进入这些市场，可避免与中资银行竞争时不可避免的"转换成本"以及相应的"先动优势"的问题。从长期来看，外资银行可以作为领先者加入农村金融市场；从短期来看，外资银行加入农村市场具有一定的垄断性，可以利用传统的实物期权理论来分析。根据实物期权理论，各项促进农村金融发展的政策的推出，导致外资银行进入机会增加，同时不确定性大幅度减少，促进外资银行进入；农村金融良好的前景说明投资机会的价值比较大，当前经营农村金融可观的回报意味着当前的现金流比较大，从而加速外资银行进入农村金融市场；农村金融机构可享受一系列优惠，可以获得较高的当期现金流，从而加速外资银行进入农村；外资银行自身特点也影响了其进入的时机，最先进入农村金融市场的往往是打算在人民币零售市场大有作为的银行，加入农村金融市场，可博得监管层的好感，从而提高获得在发达地区设立分支机构这种投资机会的可能性，且在中国的历史都比较悠久，对中国的国情比较了解，从而面临的不确定性较低。不过，农村金融还是存在一系列问题，如政策扶持不到位、风险补偿机制缺失从而延迟了银行（包括外资银行）的进入时机。为了促进更多的银行尽快加入到农村金融市场中来，需要从政策上继续扶持农村金融，继续各项优惠措施；建立风险补偿机制或者相应的保险机制，大幅度降低不确定性，从而加速其进入。

在期权博弈模型下，可以以一个新的思路看待监管。在未来存在不确定性的情况下，监管者在决定是否批准企业进入的时候，不可能做到绝对没有风险。能做到的是让风险控制在一定的概率范围内。在这样的思路下，监管者根据目前的市场状况、外资银行的反应、社会福利情况以及对风险的控制程度做出综合判断。当两个实力一样的外资银行都申请加入从而争当领先者时，如果监管者根据其风险控制程度，认为在目前的市场状况下，即使一家进入，将来的风险也很大，则监管者不会批准任何一家进入。假设市场状况变得更好一些，这两家外资银行还是争当领先者，同时一家进入可以在监管者的风险控制程度之内，那么监管者会只批准一家进入，而不批准两家进入。这说明，光靠审慎性的监管措施并不够，还必须有限制性的监管。

　　当两个外资银行的实力有强弱之分且二者争当领先者时，如果弱银行领先进入能在所控制的风险水平之下，则可以批准弱企业进入而不批准强企业进入。这样，由于弱外资银行先动优势较小，因此强外资银行作为追随者的进入时机相对提前，使弱外资银行处于垄断的时间缩短，从而扩大整个社会的福利。

第八章　考虑进入模式的实物期权模型及基于我国的实证分析

　　本书以上部分的研究是建立在全资进入的假设之下的，如果考虑到模式的问题，又会使进入时机发生变化。在某些情况下，独资企业看起来不能进入，但是企业又急于进入（如为了获得先动优势），那么如果换个模式，比如合资企业，就可能适合进入了。

　　外资银行部分进入的现象，在中国是相当突出的。所以有必要分析一下进入模式对外资银行进入时机的影响。外资银行机构进入中国的方式主要有五种，分别是设立代表处、新建合资银行、新建分行、新建子行（即法人银行）和入股中资银行。由于设立代表处属于非营业性机构，本书基本上不做分析。合资银行与入股中资银行属于部分进入。虽然合资银行在中国占的比例很小，但是入股中资银行的外资银行还是非常多的，所以，有必要对部分进入的这种形式做一定的分析。

第一节　模型

　　外资银行在决定对一个国家是否立即进行投资的时候，我们考虑这样三个选择：它既可以全资进入（full entry，简写为 FENTRY）；也可以部分进入（partial entry，简写为 PENTRY），即合资甚至是参股；也可以不投资而是等等看，即延迟投资（DEFER）。即对于进入某个国家这样一个投资机会，它可以选择不同的利用方式，这是它的权利而不是义务。假设投资不是完全可逆的，或者说回收成本相对比较高，则就必须考虑到选择某一种方式的机会成本。一旦选择了某种方式，就失去了另外两种选择机会，因此选择某种投资方式的时候，必须将其他两种投资方式所能获得的价值作为机会成本进行比较。

本章引入可逆程度 a，aI 为回收的价值。当 $a = 1$ 时，表示完全可逆。本书假设 $a < 1$，即投资不是完全可逆的。a 越小，表示越不可逆，或者说回收的成本（也可以说恢复到未投资之前的情况的成本）越高，a 甚至可以为负值，表示若想恢复到以前的状态，可能比当初投入的成本还要高。对于外资银行来讲，要回收投资，不仅包括有形资产的恢复，还包括无形资产的恢复。其中无形资产是非常特殊的，比如"声誉"。如果一个外资银行要从某个国家退出，处理不好的话，则会对声誉产生很大的影响，在全球化的经济中，它可能带来整个母行市值降低。要想恢复这些影响，花费可能要比当初的投入大得多。假设外商独资银行（full entry）的可逆程度为 a_F，非独资银行（partial entry）的可逆程度为 $a_F + \Delta P$，$a_F + \Delta P > a_F$。原因有二：一是独资银行与非独资银行相比，一旦撤资的话，独资银行的名誉损失要大得多。另外，有的观点认为，为了保护无形资产，外资企业可能更倾向于建立独资企业，而不是合资企业。这说明这类外资企业是不希望这些无形资产外泄，被别人模仿的。这个原因会导致独资企业的不可逆性更大，这类企业在回收上面临更大的回收成本，或者说在回收上面临更大的损失。如果企业的资产要变卖的话，那么买者在购买这些资产的时候往往就可能窥视到这些商业机密，从而使得该类企业不愿意变卖，而一旦要退出市场的话，则面临较大的损失。

除了建立企业的投资 I 外，无论是独资银行还是非独资银行，都要化费一定的成本来了解市场状况、法律法规或与政府官员沟通等，即需要各类信息成本与交易成本。由于非独资银行有当地银行的参与，这类信息成本和交易成本要小。假设在此类花费上，非独资企业比独资企业少 C_F。

再考虑到先动优势，如果提前投资，则先投资者可以获得一定的先动优势。这种先动优势可以体现为后入者的劣势。即如果后入的话，则会多支付一定的成本，或者说将来的利润流将有一定程度的减少。假设这一部分为 ΔV。

考虑两阶段模型（不考虑贴现的影响，这不影响说明主要问题）。假设不确定性是外生的，目前时刻为 t_0，市场价格为 P_0；t_1 时刻，企业价值以 p 的概率上升到 V_u，以 $1 - p$ 的概率下降到 V_d。假设市场状况不好，则损失巨大，无论是独资银行还是非独资银行都想退出市场，aI 为回收的价值。

现在要决定的是在 t_0 时刻，外资银行将做出何种选择。

在 t_0 时刻，如果全资进入的话，该投资机会的价值是：

$$V_F = P_0 - I - C_F + pV_u + (1 - p)a_F I \quad\cdots\cdots\cdots\cdots\cdots\cdots\cdots\cdots\cdots (8.1)$$

在 t_0 时刻，如果部分进入的话，当市场情况明朗的时候，它还面临这样一个投资机会，那就是如果市场状况好，它可以购买非独资银行的另一部分股权，从而变成一个独资银行，但是有可能要额外花费一部分成本（因为等市场状况变得明朗且朝着好的方向发展后，企业的价值也会增加，所以购买另一部分股权的时候，花费可能比在初始时刻的成本要高一些，假设这个额外的成本为 C_e）；而如果市场状况不好的话，它可以撤资，同时面临的回收价值的比例要比独资银行高。该投资机会的价值是：

$$V_P = \beta(P_0 - I) + p(V_u - (1 - \beta)I - C_e) + (1 - p)\beta(a_F + \Delta P)I$$
$$\cdots\cdots\cdots\cdots\cdots\cdots\cdots\cdots\cdots\cdots\cdots\cdots\cdots\cdots\cdots\cdots (8.2)$$

如果 t_0 时刻，不进行任何的投资，而是等待，等待市场状况变得明朗，如果市场状况好，则全资进入，如果市场状况不好，则不投资，从而收益为 0。从 t_0 时刻看，该投资机会的价值是：

$$V_D = p(V_u - \Delta V - I - C_F) \quad\cdots\cdots\cdots\cdots\cdots\cdots\cdots\cdots (8.3)$$

第二节　结论

下面通过赋值说明先动优势、可逆程度、额外交易成本等因素对 t_0 时刻作出何种投资方式的影响。

1. 所有因素都不产生影响

即不考虑先动优势，没有额外成本，独资与非独资的可逆程度相同，都是 a_F。

价值函数为：

$$V_F = P_0 - I + pV_u + (1 - p)a_F I \quad \cdots\cdots\cdots\cdots\cdots\cdots\cdots\cdots (8.4)$$

$$V_P = \beta(P_0 - I) + p[V_u - (1 - \beta)I] + (1 - p)\beta a_F I \quad \cdots\cdots\cdots (8.5)$$

$$V_D = p(V_u - I) \quad \cdots\cdots\cdots\cdots\cdots\cdots\cdots\cdots\cdots\cdots (8.6)$$

从图 8.1 可以看出，三条线相交于一点 A，对应的概率为 p_a，若 $p < p_a$，则企业会选择等待。若 $p > p_a$，企业会选择立即全资进入。可以看出，对于部分投资（或者说合资）而言，在任何概率下都不是最优的，但是它在任何概率下却也都不是最坏的，所以，如果投资者对于未来的概率情况没有任何的了解的话，那么选择部分投资将是一个比较保险的做法。

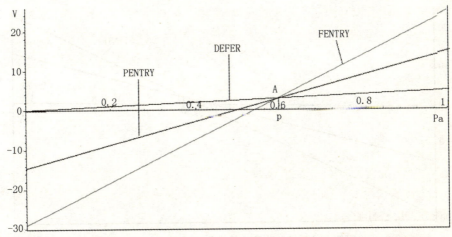

图 8.1　不考虑先动优势、可逆程度、额外交易成本的进入模式实物期权模型

$$p_0 = 20, I = 35, V_u = 40, a_F = -0.4, \beta = 0.5$$

2. 先动优势的影响

其他因素没有影响，只考虑先动优势，如果延迟投资会使将来的收益减少 ΔV。价值函数为：

$$V_F = P_0 - I + pV_u + (1 - p)a_F I \quad \cdots\cdots\cdots\cdots\cdots\cdots\cdots\cdots (8.7)$$

$$V_P = \beta(P_0 - I) + p[V_u - (1 - \beta)I] + (1 - p)\beta a_F I \quad \cdots\cdots\cdots (8.8)$$

$$V_D = p(V_u - \Delta V - I) \quad\cdots\cdots\cdots\cdots\cdots\cdots\cdots\cdots\cdots\cdots\cdots \quad (8.9)$$

如图 8.2 所示，当 $p_e < p < p_f$，$V_P > V_F >$，且 V_D，部分投资是最佳选择。在 $p_e < p < p_g$ 处，进行独资投资不如延迟投资。如果不考虑部分投资的话，那么决策就应该是不进入市场，而是等待，可这同时意味着失去了先动优势。如果考虑到部分投资企业的话，会发现此刻以部分投资的形式进入市场是可以的。在 $p_g < p < p_f$ 处，立即进行独资经营要比延迟投资好，但是，却不宜立即进行独资，因为此刻部分投资将会获得更大的收益。这可以证明，随着先动优势的增加，p_e 会左移，从而使得进行部分投资的可能增加。即先动优势越明显，企业越可能进行部分投资。

在市场波动比较大的时候，延迟投资看起来越来越吸引人。但是如果又不想失去先动优势的话，则可以考虑部分投资企业，也许此刻，部分投资企业是不错的选择。

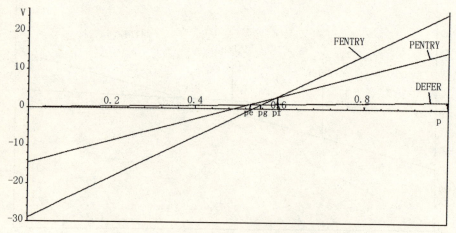

图 8.2　考虑先动优势的进入模式实物期权模型

$p_0 = 20, I = 35, V_u = 40, a_F = -0.4, \beta = 0.5, \Delta V = 3$

3. 额外交易成本的影响

下面考虑，如果独资企业进入市场后，要比部分投资多支付一定的额外交易成本 C_F，价值函数分别为：

$$V_F = P_0 - I - C_F + pV_u + (1 - p)a_F I \quad\cdots\cdots\cdots\cdots\cdots\cdots \quad (8.10)$$

$$V_P = \beta(P_0 - I) + p[V_u - (1 - \beta)I] + (1 - p)\beta a_F I \quad\cdots\cdots\cdots \quad (8.11)$$

$$V_D = p(V_u - C_F - I) \quad \cdots\cdots\cdots\cdots\cdots\cdots\cdots\cdots\cdots\cdots \quad (8.12)$$

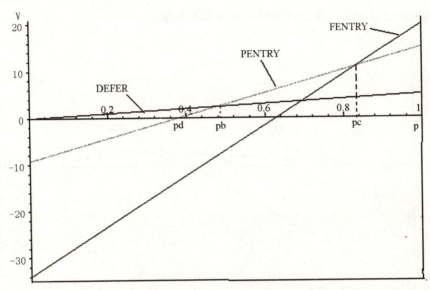

图 8.3　考虑额外交易成本的进入模式实物期权模型

$$p_0 = 20, I = 35, V_u = 40, a_F = -0.4, \beta = 0.5, C_F = 5$$

如图 8.3 所示，当 $p_b < p < p_c$ 时刻，$V_P > V_F >$，且 V_D，此时执行部分投资最佳。并且，随着 C_F 的增加，p_c 与 p_b 的差将变大，说明越可能从事部分投资。当 $p < p_b$ 时，$V_D > V_P > V_F$，延迟投资最为有利。在 $p_d < p < p_b$ 处，尽管 $V_P > 0$，即尽管进行部分投资，若净现值 >0，也不能投资于部分投资，而是等待。原因在于，一旦现在进行了部分投资，由于投资是不可逆的，则失去了延迟投资的机会，这个延迟投资的机会在目前的 p 的状态下的价值 $V_D | p_d < p < p_b$ 就是目前进行部分投资的机会成本，从图中可以看出，这个机会成本是大于 V_P 的，因此，在 $p_d < p < p_b$，不应该进行部分投资。

4. 可逆程度的影响

假设独资的可逆程度为 $a_F = -0.4$，部分投资的可逆程度为 $a_F + \Delta P = -0.1$。价值函数为：

$$V_F = P_0 - I + pV_u + (1-p)a_F I \quad \cdots\cdots\cdots\cdots\cdots\cdots\cdots \quad (8.13)$$

$$V_P = \beta(P_0 - I) + p[V_u - (1-\beta)I] + (1-p)\beta(a_F + \Delta P)I \quad \cdots\cdots\cdots$$

$$\cdots\cdots\cdots\cdots\cdots\cdots\cdots\cdots\cdots\cdots\cdots\cdots\cdots\cdots\cdots\cdots\cdots\cdots\cdots\cdots\cdots\cdots \quad (8.14)$$

$$V_D = p(V_u - I) \quad \cdots\cdots\cdots\cdots\cdots\cdots\cdots\cdots\cdots\cdots\cdots\cdots\cdots \quad (8.15)$$

部分投资的可逆程度大于独资，从而使得部分投资在一定的概率下（$p_e < p < p_f$），成为最佳的选择。如图 8.4 所示。

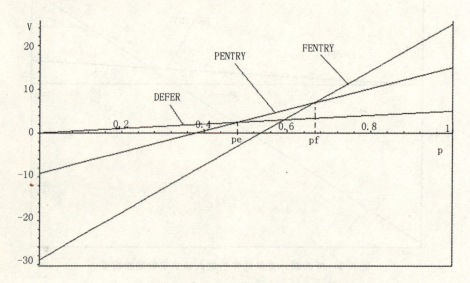

图 8.4　考虑先动优势的进入模式实物期权模型

$p_0 = 20, I = 35, V_u = 40, a_F = -0.4, a_F + \Delta P = -0.1, \beta = 0.5$

本部分的以上分析显示，当综合考虑到先动优势、部分投资本身可以节约一些交易成本、部分投资的可逆性更大这些因素后，立即部分进入在一定条件下成为最佳选择。

从本部分以上的比较中还可以发现，当部分投资变得比较有利的时候，都是 p 处在大约中间位置的时刻。而中间位置是波动率比较大的情况，所以，在市场波动程度比较大的时候，部分投资是一个比较不错的选择。此处的波动程度体现在：向上和向下的波动差不多，在这样的情况下，如果进行 FFDI，那么就有接近 50% 的可能性表示决策者投资错了，因为如果是下跌，决策者可能会想如果当时他不投资而是等待就好了。而如果不投资，那么仍然有 50% 的可能性表示他决策错误了，因为还有 50% 的可能是上升的，这时候，决策者可能会说他当初如果投资就好了，白白地损失了之前的利润。无论是投资或者不投资，做出错误决策的概率都是很大的，都大约在 50%，那么这个时候，比较稳妥的做法就是选择一种折中的决策方法，进行部分投资。这样，当情况好的时候，他之前的利润也没有完全损失。而情况不好的话，损失也没有完全投资的损失那么大。因此未来的市场状况波动比较大的时候，保险的做法是进行部分投资。而市场状况比较明朗，如 p 很大尤其是接近于 1 的时候，即可全资进入，因为这个时候犯错误的几率是很小的。当 p 很小的时候，尤其是接近于 0 的时候，那么也应该立即决定延迟投资，同样的道理，这个决定犯错的概率也是很小的。

上述讨论中，似乎与一些传统的关于独资还是部分投资的文献没有什么区别。似乎是部分进入的优势大一些，则立即部分进入的可能性就大些。独资企业的优势大一些，则进行独资企业的可能性就大些。是的，上述考虑的因素，除了可逆程度外，都是一些经典的关于独资还是部分投资文献中所常常提及的一些因素。但是，一个企业除了有立即投资、部分投资的权利外，还可以有等待的权利。在某些情况下，当部分投资优于独资企业的时候，部分投资就一定是最优的选择吗？不一定。在一定的区域内，虽然 $V_{PENTRY} > V_{FENTRY}$，而且 $V_{PENTRY} > 0$，但是 V_{DEFER} 却是大于 V_{PENTRY} 的，即此时不适合立即进行部分投资，而应该等待。

第三节　基于我国的实证分析

对于部分进入的方式，在我国主要体现为合资银行与参股的方式。从改革开放开始，陆陆续续一共成立了 7 家合资银行，不过其中福建亚洲银行、青岛国际银行、上海巴黎国际银行、华商银行、浙江商业银行已经完成了转制，青岛国际银行、上海巴黎国际银行、华商银行完全成为外资银行，福建亚洲、浙江商业银行已经转成内资银行，还剩下目前的这两家：厦门国际银行和华一银行[①]。由于合资银行的影响力较小，所以本书没有结合模型进行分析，重点分析参股方式。

1994 年发布的《关于向金融机构投资入股的暂行规定》明确禁止外国金融机构投资中资银行。1999 年 9 月 9 日，中国银行业首次向战略投资者出售股权，上海银行与世界银行的附属机构国际金融公司（IFC）签署了《上海银行和国际金融公司签订之认购协议》，接受 IFC 参股投资 1 亿

---

① 根据齐薇薇（2007）以及中国金融年鉴（2010）整理。

股，占该行增资扩股后资本金的 5%。2001 年年底后放开了外资银行入股中资机构的限制，但须个案报批，而且单家机构投资比例不得超过 15%，所有机构投资比例不得超过 20%。银监会成立后，2003 年 12 月发布了《境外金融机构投资入股中资金融机构管理办法》，以部门规章形式从资产规模、资本充足性、盈利持续性等方面明确了境外投资者的资格条件，同时经国务院批准调整了投资比例，将单家机构入股比例从 15% 提高至 20%，所有机构入股比例从 20% 提高至 25%。根据中国人民银行《二〇一〇国际金融市场报告》，截至 2010 年年末，共有 32 家中资商业银行引进 41 家境外投资者，引进外资余额为 384.2 亿美元，其中 2010 年引进外资 54.2 亿美元；16 家新型农村金融机构引进 5 家境外投资者，引进外资余额为 0.8 亿美元，2010 年引进外资 0.3 亿美元。外资银行在中国的股权扩张历程大致可以分为四个阶段：（1）1999—2001 年，为观望与试探阶段，主要是一些非营利性的国际金融组织入股中资银行；（2）2001 年年末至 2005 年年初，外资银行开始逐步入股中资银行，入股的对象主要是股份制商业银行和城市商业银行；（3）2005—2008 年，为外资银行大规模进入阶段，中国四大国有商业银行逐步改革并相继上市，再加上中国银行业加入世贸组织的五年过渡期将要结束，参股行为比较迅猛；（4）2008 年年底至今，部分战略投资者开始减持中资银行股票。

从历年的数据可以看出，外资银行在中国的扩张并不顺利，市场份额在 2007 年达到 2.38% 的顶峰之后就有所下滑，到 2012 年的时候，也还不足 2%，其中当然有金融危机的影响，但是，根据第四章的结论还有其它两个原因导致外资银行延迟进入：（1）转换成本越高，即先动优势越大，追随者的进入时机就越延后。中资银行的客户满意度不断提高，使得客户在转向外资银行的时候，面临的转换成本越来越大，从而外资银行在与中资银行争夺客户时面临着巨大的阻力。（2）外资银行进入后，导致市场竞争加剧，从而能够收取的服务价格下跌，降低利润，从而延迟进入。这样就表现为一些外资银行不在中国建立营业性机构，或者外资银行业务在中国开疆扩土的步伐减慢。即全资进入中国与延迟相比，延迟变得更为有利。但是，面对中国高速发展的经济环境、巨大的金融产品的需求，即面对着这么大的一块蛋糕，外资银行只安心于那不足 2% 的一角吗？肯定不会。

从本章的模型中可以看出，当全资进入不合适的时候，并不必然地就要选择延迟进入。进入模式发生变化会使立即进入变得有可能，因为部分进入也是一种选择。从 2001 年我国外资银行参股中资银行政策放开后，就逐步有外资银行以参股的形式进入我国的银行业。另外，参股方式与建立分行、子行等方式相比，具有一些优点；而且当时参股时，股价都是相当低的，使得外资银行热衷于以参股的方式进入银行业。在本书的模型中，当其他因素都不考虑的时候，部分进入仍然有它的优势，当市场状况不明朗的时候，它是一种折中；当市场状况明朗之后，体现为一种灵活性。但是，中国对于外资银行入股中资银行的比例有上限规定，不超过20%，这使得外资银行在市场状况好的时候，无法购买其他股份，从而使得部分进入的灵活性和折中的特征无法充分地体现。不过，入股中资银行在其他方面依然能体现它的优势。最直接的好处是分享银行业快速增长的利润，汇丰、花旗、渣打、东亚 2010 年净利润增长分别为 28%、19%、13%、12%，而同期 16 家中资上市银行共实现净利润约 6774 亿元，同比增长 33.5%。入股中资银行还可以避免后动劣势，即可以带来一定的先动优势；先动优势还表现为学习成本曲线的下降，早参与某个市场的主体会学习到更多的经验，从而与后来者进行竞争时处于优势。

不过，从 2008 年年底开始，随着解禁日期的到来，一些战略投资者开始减持中资银行股票。2011 年下半年外资银行更是大举抛售中资银行股票。根据中国新闻网 2013 年 11 月 14 日报道的数据，自 2008 年年底以来，约 9 家境外战略投资者减持中资银行股份，累计套现 493.62 亿美元，获利达 272.83 亿美元，部分境外战略投资的收益高达 6 倍，绝大部分的战略投资已经撤出。其中，瑞银在 2007 年 5 月到 2008 年年底，将中行股份全部售出；高盛在 2011 年、2012 年、2013 年三次连续减持，已经清空了工行股票。

有分析者认为，外资的战略投资者减持中资银行股份的主要原因是次贷危机、欧债危机的影响以及 2010 年出台的《巴塞尔协议 III》对资本金提出更高的要求，需要通过抛售股票套取现金以应对危机。另外，中资银行业在 2008 年信贷资产大幅度扩张后面临着的风险也在增大。2008 年后，银行大量的信贷投向钢铁、光伏、机械设备制造、造船航运等"两高一剩"行业，而这些行业在 2013 上半年已经出现大幅度亏损；流向地方融资平台的信贷也面临着一定的风险；投向小微企业的贷款也被认为存在很大的风险，这些原因导致中资银行不良贷款率在提高而同时拨备覆盖率在下降。

战略投资者从中资银行撤资同样反映了部分进入方式的灵活性，当未来情况不好时，可以撤资，而且由于部分进入，撤资时不会对市场形成太大的压力而影响撤资。

虽然有战略投资者撤资，但是同时也有战略投资者接盘。淡马锡虽然也有几次减持，但总的来看还是增持，从而成为中国商业银行最大的战略投资者；贝莱德集团也多次增持。同时，还有不少的境外战略投资者等待 A 股 IPO 开闸以增持中国城市商业银行股票。

第四节　本章小结

前几章有关外资银行的进入时机的研究是建立在全资进入的假设之下的。考虑到进入模式，又会使进入的时机发生变化。某些情况下，独资企业看起来不能进入，但是外资银行又急于进入（比如为了获得先动优势），那么如果换个模式，比如合资银行或者参股，就可能适合进入了。

根据本章的模型，不考虑其他因素，部分进入本身具有一定的优势，市场状况不明朗的时候，它是一种折中；当市场状况明朗之后，体现为一种灵活性。当投资者对未来市场状况不了解的时候，选择部分进入是比较保险的，这样可以保证犯错的概率比较小。同时，部分进入与全资进入相比有一定的优势，可尽早获得先动优势，可逆程度较高，由于本地银行的参与从而交易成本较小等，部分进入在特定的环境下变成一个最佳的选择。

外资银行在与中资银行争夺客户时面临着巨大的阻力，这将导致外资延迟进入，表现为一些外资银行不在中国建立营业性机构，或者外资银行业务在中国开疆扩土的步伐减慢。即全资进入中国与延迟相比，延迟变得更为有利。但是，外资银行可以通过参股进入我国的银行业中，参股本身是一种比较折中的、保险的做法，另外可以避免与中资银行的正面交锋，可以早进入市场、早了解市场从而获得先动优势，可以尽早分享国内银行业快速增长的高额利润，从而使得参股可以成为外资银行进入中国的一个很好的选择。

第九章 结论与建议

第一节 主要结论

根据传统的实物期权理论，项目未来收益的不确定性、项目的当前现金流、无风险利率、投资的可逆程度、可延迟程度都会影响到投资时机。

迪克西特和平迪克（1994）期权博弈模型原有的结论是市场状况非常差的时候，两企业都等待；市场状况好些时，两企业争当领先者；市场状况非常好的时候，两企业都立即进入市场，都不等待。本书对该模型的结论进一步延申，得出以下推论：与完全垄断的情况相比，企业进入的时机大大提前；所进入市场的在位者越多，即竞争程度越激烈，企业越倾向于延迟进入；不确定性、投资可逆程度、当前现金流对领先者投资时机的影响不确定，需要进一步参考其他变量。

本书进一步考虑了先动优势，并在区分领先者与追随者同质与异质的假设前提下，对迪克西特和平迪克（1994）经典期权博弈模型进行重构，得出一系列结论。在领先者与追随者同质的情况下，无论是领先者的进入时机还是二者同时进入的时机都有所提前；先动优势越大，领先者进入的时机以及二者同时进入的时机就越提前；一旦领先者进入，领先者就有动力尽可能地扩大先动优势。在领先者与追随者异质的假设下，当市场状况很差的时候，二者都等待；当市场状况稍微好点的时候，强者先入，弱者等待；当市场状况更好一点的时候，二者争先进入，并且当一方进入的时候，另一方就自然选择等待；当市场状况再好些的时候，弱者进入，强者等待是均衡情况；当市场状况变得非常好的时候，二者同时进入。

外资银行的进入可以与期权类比，因此可以利用实物期权理论来研究外资银行的进入时机问题。外资银行进入时机主要涉及延迟期权、成长期权等实物期权种类。但银行业不同于一般行业，具有一定的特殊性：（1）

外资银行未来收益所面临的不确定性主要体现在需求方面、政策方面及汇率方面，总的来看，比本土银行面临更大的不确定性。（2）外资银行的不可逆程度受两个方面的影响：一是有形资产、无形资产的恢复问题。有形资产的恢复需要一个发达的交易市场，并且银行业越是景气，有形资产越容易出售，从而可逆程度越高。银行业的无形资产所占的比重比较大，因此银行业的不可逆程度较大。二是外资银行不同进入方式的可逆程度有所不同。一般认为，与合资、入股等非独资方式进入相比，建立子行、分行等进入方式的不可逆程度更大些。（3）外资银行进入中国总是具有一定的可延迟性，但是随着中国银行业对外资的全面开放，越来越多的外资银行可进入中国，即潜在进入者的竞争程度加深，从而外资银行进入的可延迟程度下降。

根据实物期权理论，外资银行进入动机理论受到一定的挑战。外资银行进入动机理论往往暗示实力越强的企业越有可能立即进入。但是，在实物期权框架下，该结论未必正确。根据传统的实物期权理论，外资银行所有权优势能为外资银行带来较大的当前现金流，促进其立即进入。但是外资银行的所有权优势往往比较独特，难以复制，这又为外资银行的进入带来了较大的可延迟的余地，从而延迟投资，所以所有权优势是否促进外资银行立即投资是不确定的。内部化优势也往往被用来解释银行跨国投资的原因。跨国银行往往拥有一些技术上、信息上的优势，由于该类产品的外部市场不完善，使跨国银行倾向于内部化。但是，也正是由于该类产品外部市场不完善，使得跨国银行在恢复投资的时候存在很大的不可逆性，从而使立即投资的机会成本变大，反而延迟投资。另外根据本书"先动优势条件下异质企业的期权博弈模型"的结论，在一定的市场条件下，弱银行先行进入而强银行等待是一种均衡状态，这也与外资银行动机理论的暗示不符合。

从业务经营的范围及外资银行的影响力来看，我国外资银行进入的动机总的来说是"客户追随"，本书利用"逐步回归法"验证了这样的观点。"客户追随"的动机说明外资银行对其客户具有一定的垄断力，从而在进入时机问题上，传统实物期权理论适用。本书利用生存模型对历年来我国外资银行进入时机进行实证检验，实证结果显示我国外资银行进入的时机与传统实物期权理论的结论基本吻合，但也体现出自身的特点：政策对外资银行进入时机的影响非常大；来自市场的不确定虽然阻碍着外资银行的进入，但是这一阻碍作用因为高额回报的驱使，显得不是那么重要；实力越强的外资银行由于更具有等待的能力，从而在进入时机上表现得不迫切。

虽然总体上来看，我国外资银行进入动机的特征是"客户追随"，但却逐渐显现出"市场利用"的特征。"市场利用"的特征表明，在分析某些外资银行进入时机时，期权博弈理论更为适用。在利用期权博弈理论时，不可避免地要涉及先动优势。本书利用国内银行业 1999—2012 年 700 多个样本数据，通过"相对进入次序"与"绝对进入次序"两个视角实证检验中国银行业确实存在先动优势：越早进入，银行的表现越好；同时在位时间越长，银行的表现越好。因此，先动优势是外资银行进入时必须要考虑的影响因素。

在人民币零售市场上，中资银行是领先者，外资银行是追随者。外资银行在进入的时候面临着"先动优势"对它的不利影响。中资银行网点众多、有国家的隐形担保，加上中资银行不断努力地改善服务，使客户在选择外资银行的时候面临着较大的"转换成本"。但是外资银行加紧布局营业网点、加大广告投入从而降低信息不对称的程度，并且外资银行本身也有其独特优势（如实力雄厚，这本身就是降低信息不对称的重要方式；拥有全球性的业务网络、先进的管理模式和风险控制能力、成熟的金融产品），从而使得客户在选择外资银行的时候，感受到的"转换成本"不是那么大。外资银行除了与中资银行正面交锋外，还可以另辟蹊径，避免作为追随者的被动状态。农村金融市场是长期被中资银行忽略的市场，外资银行进入这些市场，可避免与中资银行竞争时所面临的"转换成本"以及相应的"先动优势"的问题。从长远来看，进入农村的外资银行可视作领先者；从短期来看，进入农村市场的外资银行可视作垄断者，可利用传统的实物期权理论分析其进入时机，相关农村金融政策、良好的市场前景、可观的收益、优惠条件、外资银行自身的特点等，从不确定性、当前的现金流等方面影响其进入农村金融市场的时机决策。

再考虑到进入模式，又会使进入的时机发生变化。于是本书建立了进入模式对进入时机影响的实物期权模型。不考虑其他因素，"部分进入"本身具有一定的优势。当市场状况不明朗的时候，它是一种折中；当市场状况明朗之后，体现为一种灵活性；当投资者对未来市场状况不了解的时候，选择部分进入是比较保险的，这样可以保证犯错的概率比较小。同时，部分进入与全资进入相比有一定的优势，可尽早获得先动优势，可逆程度较高，由于本地银行的参与从而交易成本较小等，部分进入在特定的环境下变成一个最佳的选择。

第二节　相关建议

（一）传统的实物期权理论对于把握"外资银行的时机"依然有指导意义。尽管外资银行进入动机中"市场利用"的特征日趋明显，但是外资银行进入中国的初期，其经营的对象主要还是来自于母国的客户或者与母国有关的业务，依然具有一定的垄断力，所以在进入时机上，传统的实物期权理论依然可以使用。不过大部分外资银行进入的"最终目的"还是服务于当地客户，所以，在进入时机的把握中，需要将传统的实物期权理论与期权博弈理论相结合。

（二）中资银行应继续提高自己的服务水平、推出多元化金融产品等，使客户得到更高的满意程度，使这些客户面临着较高的"转换成本"从而被中资银行锁定，这样中资银行可以拥有更高的"先动优势"从而延迟外资银行机构及相关业务的进入，从而可更长时间地获得较高的利润。但是，外资银行也可以影响"转换成本"，外资银行可加紧营业网点布局、继续加大各种形式的宣传（如广告、公益活动）树立良好形象、更充分地发挥自身的优势等，以实现尽早进入。

（三）监管者可以根据实物期权的结论引导外资及其他资金进入农村金融市场。在中心城市，金融服务的供给相对充足，而在农村，金融资源的供给相当匮乏。为了吸引外资银行及其他金融机构尽快地加入农村市场，降低观望意愿，监管机构在政策上要鼓励这种行为，这样一方面可大幅度降低不确定性，另一方面各种优惠措施可以使这些金融机构获得较高的当期现金流，从而加速进入；尽快建立风险补偿机制，这样也可以降低农村金融机构所面临的不确定程度，从而加速进入。

（四）根据期权博弈模型的结论，可以以一个新的思路看待监管者的"准入"政策。在未来不确定的情况下，监管者在是否批准外资银行机构及业务进入时，不可能杜绝风险，所能做到的是将风险控制在一定的概率范围内。在这样的思路下，监管者根据银行业的市场状况、外资银行的反应、社会福利情况以及对风险的控制程度做出综合判断，决定是否批准外资银行机构及业务进入。另外，根据期权博弈理论，光靠审慎性的监管措施并不够，还必须有限制性的监管措施；在一定的市场环境下，批准弱银行进入、强银行等待也是可行的选择。

（五）根据"进入模式对进入时机影响的实物期权模型"，尽管目前有不少"战略投资者"减持中资银行股票，但是外资银行以参股的方式进入中国依然是不错的选择。外资银行在与中资银行争夺客户时面临着巨大的阻力，这将导致外资银行延迟进入，表现为一些外资银行不在中国建立营业性机构，或者外资银行业务在中国开疆扩土的步伐减慢，即全资进入中国与延迟相比，延迟变得更为有利。但是，外资银行可以通过参股进入我国的银行业中，从而使进入时机提前。参股可以避免与中资银行的正面交锋，可以早进入市场早了解市场以便获得先动优势，可以尽早分享中国银行业快速增长的利润，从而使得参股成为外资银行进入中国的一个不错的选择。

附录及附表

附录 1

假设价格 $P = Y(D(Q) - \Delta C)$，其中 Y 服从几何布朗运动 $dY = aYdt + \sigma Ydz$。总的社会效用为：

$$YU(Q) = Y \int_0^Q (D(q) - \Delta C) dq$$

$YU'(Q) = Y(D(q) - \Delta C)$ 为边际社会效用，这正是价格。现在的目标要将"扣除掉生产能力扩张成本的社会效用"的预期现值最大化。其目标函数为：

$$E \left\{ \int_0^\infty Y_t U(Q_t) e^{-ut} dt - \sum_t I \Delta Q_t e^{-rt} \right\}$$

其中，大括号中的后半部分，即求和部分表示生产能力扩张所需要成本的现值，利用无风险利率 r 贴现；大括号中的前半部分为具有不确定性的收益，利用包括了系统性风险的利率 u 来贴现。给定初始条件 $Y_0 = Y$ 和 $Q_0 = Q$，现在要最大化这一目标函数。这是一个动态规划问题。令 $W(Q, Y)$ 表示目标函数的最大值，即贝尔曼价值函数，其中自变量的初始状态为 (Q, Y)，贝尔曼函数满足微分方程：

$$\frac{1}{2} \sigma^2 Y^2 W_{YY}(Q, Y) + (r - \delta) Y W_Y(Q, Y) - r W(Q, Y) + YU(Q) = 0$$

对于每一个 Q，可以把它看作把 W 与 Y 联系起来的微分方程。解如下：

$$W(Q, Y) = B(Q) Y^{\beta_1} + \frac{YU(Q)}{\delta}$$

其中，$B(Q)$ 为待定函数；$\delta = u - a$；β_1 为 $Q = \frac{1}{2} \sigma^2 \beta (\beta - 1) + (r - \delta)$

$\beta - r = 0$ 的正根。

根据最优扩张政策，贝尔曼函数中增加的需要 $W_Q(Q,Y)$ 等于边际单位的成本 I。因此有：

$$B^{'}(Q)Y^{\beta_1} + \frac{YU^{'}(Q)}{\delta} = I$$

并且需要 $W(Q)$ 与 I 关于 Y 的倒数必须相等。

据此，求出临界值 $Y(Q)$ 满足：

$$Y(Q)U^{'}(Q) = \frac{\beta_1}{\beta_1 - 1}\delta I$$

该式左半部分正是边际效用，正是价格，即 $Y(Q)(D(q) - \Delta C) = Y(Q)U^{'}(Q) = \frac{\beta_1}{\beta_1 - 1}\delta I$。在正文中，将 $Y(Q)$ 以 Y_2^* 表示。

附表 1 进入动机实证检验原始数据

时间	FBA	FDI (亿美元)	IMS (亿元人民币)	DEPT (亿元人民币)	LOAN (亿元人民币)	IRM (%)
1993	0.0021452	275.2	1957	29627	32943	1.8
1994	0.0024565	337.7	2366	40472	40658	1.8
1995	0.0031484	375.2	2807	53863	50394	0.54
1996	0.0042036	417.3	2899	68571	61153	1.705
1997	0.0048016	452.6	3252	82390	74914	1.97
1998	0.004052	454.6	3240	95698	86524	2.5
1999	0.0035461	403.2	3606	108779	93734	3.6
2000	0.0034672	407.2	4742	123804	99371	3.6
2001	0.0041038	468.8	5097	143617	112315	3.6
2002	0.0032576	527.7	6208	170914	131294	3.33
2003	0.0035929	535.1	8510	208055	158996	3.33
2004	0.0036403	606.3	11546	253188	178198	3.33
2005	0.0038716	603.3	14219	300209	206838	3.33
2006	0.0042901	630.21	17604	348065	238519	3.74
2007	0.0047139	747.68	21737	401051	277747	3.49
2008	0.0042828	924	25633	478444	320049	3.36
2009	0.0039617	900.3	22072	612000	525000	3.36
2010	0.004372	1057	29728	7330000	509000	3.06

注：FBA 为"外资银行资产规模/GDP"。

资料来源：各年《中国统计年鉴》、《中国金融年鉴》。

附表 2 进入动机实证检验计量过程

（1）输入/移去的变量

模型	输入变量	移去的变量	方法
1	FDI	IES, DEPT, LOAN, IRM	逐步回归（准则）

被解释变量为 FBA

（2）模型概况

模型	R	R^2	调整后的 R^2	标准误差
1	0.571（a）	0.326	0.284	0.00060

（3）回归系数

模型		非标准化系数		标准化系数	t	Sig.
		B	标准误	Beta		
1	常数项	0.003	0.000		6.835	0.000
	FDI	1.85E−006	0.000	0.571	2.781	0.013

被解释变量为 FBA

（4）被剔除变量

模型		Beta In	t	Sig.	偏相关	共线性统计 容差
1	IES	−0.679（a）	−0.800	0.436	−0.202	0.060
	DEPT	−1.708（a）	−1.800	0.092	−0.421	0.041
	LOAN	−1.002（a）	−1.474	0.161	−0.356	0.085
	IRM	0.129（a）	0.541	0.596	0.138	0.771

附表 3　先动优势实证检验原始数据

银行	统计年份	成立年份	银行性质	Assets（mil CNY）	Equity（mil CNY）	DEPOSIT（mil CNY）	人均GDP增长率(%)
Agriculture Bank of China	1999	1979	1	2275835	134466	2057004	6.69
Agriculture Bank of China	2000	1979	1	2184885	134742	2025700	7.58
Agriculture Bank of China	2001	1979	1	2527990	133159	2358147	7.52
Agriculture Bank of China	2002	1979	1	6505127	88628	5283314	8.35
Agriculture Bank of China	2003	1979	1	2976566	136040	2476918	9.43
Agriculture Bank of China	2004	1979	1	3494016	137969	2997288	9.43
Agriculture Bank of China	2005	1979	1	4013769	78063	3491549	10.66
Agriculture Bank of China	2006	1979	1	4771019	76907	4036854	12.05
Agriculture Bank of China	2007	1979	1	5363628	83642	4755312	13.57
Agriculture Bank of China	2008	1979	1	7014351	290445	6097428	9.07
Agriculture Bank of China	2009	1979	1	8882588	342819	7497618	8.56
Agriculture Bank of China	2010	1979	1	10337406	542071	8887905	17.28
Agriculture Bank of China	2011	1979	1	11666136	649432	9621644	17.21
Agriculture Bank of China	2012	1979	1	13244342	751354	10862935	9.02
Australia and New Zealand Bank（China）Company Limited	2010	2010	5	22723	2701	12981	17.28
Bangkok Bank（China）Co.,Ltd	2009	2009	5	9836	4057	5705	8.56
Bangkok Bank（China）Co.,Ltd	2010	2009	5	9600	4012	5536	17.28
Bank of Anshan Co.,Ltd	2006	1996	3	13928	918	12005	12.05
Bank of Anshan Co.,Ltd	2007	1996	3	17147	1073	15591	13.57
Bank of Beijing Co.,Ltd	1999	1997	3	60418	2930	52513	6.69
Bank of Beijing Co.,Ltd	2000	1997	3	74283	3958	64853	7.58
Bank of Beijing Co.,Ltd	2001	1997	3	93826	4052	84190	7.52
Bank of Beijing Co.,Ltd	2002	1997	3	135267	5603	118430	8.35
Bank of Beijing Co.,Ltd	2003	1997	3	171030	6027	155936	9.43
Bank of Beijing Co.,Ltd	2004	1997	3	202940	3475	186411	9.43
Bank of Beijing Co.,Ltd	2005	1997	3	233044	7842	214494	10.66
Bank of Beijing Co.,Ltd	2006	1997	3	272969	9840	247030	12.05
Bank of Beijing Co.,Ltd	2007	1997	3	354223	26668	281215	13.57
Bank of Beijing Co.,Ltd	2008	1997	3	417021	33814	352112	9.07
Bank of Beijing Co.,Ltd	2009	1997	3	533469	37578	472467	8.56

续表

银行	统计年份	成立年份	银行性质	Assets (mil CNY)	Equity (mil CNY)	DEPOSIT (mil CNY)	人均GDP增长率(%)
Bank of Beijing Co. ,Ltd	2010	1997	3	733211	42567	612810	17.28
Bank of Beijing Co. ,Ltd	2011	1997	3	956499	50434	614241	17.21
Bank of Beijing Co. ,Ltd	2012	1997	3	1119969	71691	713772	9.02
Bank of Changsha Co. ,Ltd	2002	1997	3	17286	410	13368	8.35
Bank of Changsha Co. ,Ltd	2003	1997	3	22586	537	18212	9.43
Bank of Changsha Co. ,Ltd	2004	1997	3	25917	636	20390	9.43
Bank of Changsha Co. ,Ltd	2005	1997	3	35792	1139	25089	10.66
Bank of Changsha Co. ,Ltd	2006	1997	3	34092	1189	28890	12.05
Bank of Changsha Co. ,Ltd	2007	1997	3	54822	1419	40052	13.57
Bank of Changsha Co. ,Ltd	2008	1997	3	56991	1961	43159	9.07
Bank of Changsha Co. ,Ltd	2010	1997	3	57157	1767	43357	17.28
Bank of Changsha Co. ,Ltd	2011	1997	3	64522	2427	55585	17.21
Bank of Changsha Co. ,Ltd	2012	1997	3	159926	7303	110031	9.02
Bank of China Limited	1999	1953	1	2618090	146867	2266056	6.69
Bank of China Limited	2000	1953	1	2685113	160785	2302843	7.58
Bank of China Limited	2001	1953	1	2596510	218420	2203895	7.52
Bank of China Limited	2002	1953	1	2854051	219426	2333090	8.35
Bank of China Limited	2003	1953	1	3250886	203752	2377488	9.43
Bank of China Limited	2004	1953	1	3489639	205351	2637229	9.43
Bank of China Limited	2005	1953	1	3944039	233842	3009187	10.66
Bank of China Limited	2006	1953	1	4430973	388470	3359870	12.05
Bank of China Limited	2007	1953	1	5010277	390842	4006868	13.57
Bank of China Limited	2008	1953	1	6073847	456037	4996269	9.07
Bank of China Limited	2009	1953	1	7771153	487195	6813724	8.56
Bank of China Limited	2010	1953	1	10459865	676150	8759068	17.28
Bank of China Limited	2011	1953	1	10478837	685214	7806900	17.21
Bank of China Limited	2012	1953	1	11242120	773404	8111074	9.02
Bank of Communications Co. ,Ltd	1999	1986	1	538050	26915	328219	6.69
Bank of Communications Co. ,Ltd	2000	1986	1	628183	30726	391005	7.58
Bank of Communications Co. ,Ltd	2001	1986	1	669067	32423	427475	7.52

续表

银行	统计年份	成立年份	银行性质	Assets (mil CNY)	Equity (mil CNY)	DEPOSIT (mil CNY)	人均GDP增长率(%)
Bank of Communications Co.,Ltd	2002	1986	1	731782	8646	696474	8.35
Bank of Communications Co.,Ltd	2003	1986	1	928634	17999	876227	9.43
Bank of Communications Co.,Ltd	2004	1986	1	1138634	52489	1035560	9.43
Bank of Dalian	2000	1998	3	13079	373	11191	7.58
Bank of Dalian	2001	1998	3	15494	503	11839	7.52
Bank of Dalian	2002	1998	3	21133	763	16669	8.35
Bank of Dalian	2003	1998	3	25724	776	21811	9.43
Bank of Dalian	2004	1998	3	34094	816	31237	9.43
Bank of Dalian	2005	1998	3	41058	2133	35478	10.66
Bank of Dalian	2006	1998	3	61074	3854	51672	12.05
Bank of Dalian	2007	1998	3	76307	4097	69319	13.57
Bank of Dalian	2008	1998	3	85548	5270	78475	9.07
Bank of Dalian	2009	1998	3	126829	6175	116969	8.56
Bank of Dalian	2010	1998	3	172760	7251	150637	17.28
Bank of Dalian	2011	1998	3	187893	9052	136304	17.21
Bank of Dalian	2012	1998	3	256800	10778	173938	9.02
Bank of Deyang	2006	1998	3	5834	353	5205	12.05
Bank of Deyang	2007	1998	3	8698	366	7473	13.57
Bank of Deyang	2008	1998	3	12581	478	11054	9.07
Bank of Dongguan	1999	1999	3	13984	1137	12539	6.69
Bank of Dongguan	2000	1999	3	17218	1158	15718	7.58
Bank of Dongguan	2001	1999	3	19393	1202	17366	7.52
Bank of Dongguan	2002	1999	3	24743	1244	19892	8.35
Bank of Dongguan	2003	1999	3	28150	1264	25635	9.43
Bank of Dongguan	2004	1999	3	31808	1286	29117	9.43
Bank of Dongguan	2005	1999	3	39793	1443	35513	10.66
Bank of Dongguan	2006	1999	3	50140	2045	43381	12.05
Bank of Dongguan	2007	1999	3	63779	2710	48059	13.57
Bank of Dongguan	2008	1999	3	70041	3504	54125	9.07
Bank of Dongguan	2009	1999	3	79209	4137	63424	8.56

续表

银行	统计年份	成立年份	银行性质	Assets (mil CNY)	Equity (mil CNY)	DEPOSIT (mil CNY)	人均GDP 增长率(%)
Bank of Dongguan	2010	1999	3	107661	4962	80583	17.28
Bank of Dongguan	2011	1999	3	122623	7642	80276	17.21
Bank of Dongguan	2012	1999	3	139490	9205	96266	9.02
Bank of East Asia (China) Ltd	2005	2005	5	40055	3549	29226	10.66
Bank of East Asia (China) Ltd	2006	2005	5	61037	4264	42862	12.05
Bank of East Asia (China) Ltd	2007	2005	5	99493	8691	57502	13.57
Bank of East Asia (China) Ltd	2008	2005	5	118036	10290	104690	9.07
Bank of East Asia (China) Ltd	2009	2005	5	120996	11168	103395	8.56
Bank of East Asia (China) Ltd	2010	2005	5	153029	12027	134515	17.28
Bank of Fuxin Co.,Ltd	2007	2001	3	8922	493	7473	13.57
Bank of Fuxin Co.,Ltd	2008	2001	3	10878	549	10129	9.07
Bank of Fuxin Co.,Ltd	2009	2001	3	14192	797	11933	8.56
Bank of Fuxin Co.,Ltd	2011	2001	3	36165	2181	32602	17.21
Bank of Fuxin Co.,Ltd	2012	2001	3	50263	4260	41521	9.02
Bank of Guangzhou Co.,Ltd	2008	1996	3	110994	7881	101544	9.07
Bank of Guangzhou Co.,Ltd	2009	1996	3	127386	8376	113038	8.56
Bank of Guangzhou Co.,Ltd	2010	1996	3	167147	10226	137420	17.28
Bank of Guangzhou Co.,Ltd	2011	1996	3	205985	11372	1640218	17.21
Bank of Guilin Co.,Ltd	2006	1997	3	4288	249	3750	12.05
Bank of Guilin Co.,Ltd	2007	1997	3	7185	441	5638	13.57
Bank of Guilin Co.,Ltd	2008	1997	3	9190	563	7735	9.07
Bank of Guilin Co.,Ltd	2009	1997	3	15190	1080	13058	8.56
Bank of Guilin Co.,Ltd	2010	1997	3	25525	1814	23127	17.28
Bank of Guilin Co.,Ltd	2011	1997	3	41419	2604	29710	17.21
Bank of Guilin Co.,Ltd	2012	1997	3	68057	3465	43025	9.02
Bank of Hangzhou Co.,Ltd	2000	1996	3	16981	474	14920	7.58
Bank of Hangzhou Co.,Ltd	2001	1996	3	23332	607	16545	7.52
Bank of Hangzhou Co.,Ltd	2002	1996	3	32148	737	22261	8.35
Bank of Hangzhou Co.,Ltd	2003	1996	3	39754	1447	30066	9.43
Bank of Hangzhou Co.,Ltd	2004	1996	3	36612	1515	34109	9.43

银行	统计年份	成立年份	银行性质	Assets（mil CNY）	Equity（mil CNY）	DEPOSIT（mil CNY）	人均GDP增长率(%)
Bank of Hangzhou Co.,Ltd	2005	1996	3	46276	2474	42966	10.66
Bank of Hangzhou Co.,Ltd	2006	1996	3	56846	3132	50993	12.05
Bank of Hangzhou Co.,Ltd	2007	1996	3	69271	3839	60503	13.57
Bank of Hangzhou Co.,Ltd	2008	1996	3	99617	4809	90583	9.07
Bank of Hangzhou Co.,Ltd	2009	1996	3	149991	10363	135569	8.56
Bank of Hangzhou Co.,Ltd	2010	1996	3	217429	11938	181305	17.28
Bank of Hangzhou Co.,Ltd	2011	1996	3	243937	14428	182045	17.21
Bank of Hangzhou Co.,Ltd	2012	1996	3	324984	17513	220689	9.02
Bank of Hebei Co.,Ltd	2003	1996	3	20900	559	16101	9.43
Bank of Hebei Co.,Ltd	2004	1996	3	22359	609	18451	9.43
Bank of Hebei Co.,Ltd	2005	1996	3	26497	639	21885	10.66
Bank of Hebei Co.,Ltd	2007	1996	3	38085	872	30499	13.57
Bank of Hebei Co.,Ltd	2008	1996	3	42561	1822	34681	9.07
Bank of Hebei Co.,Ltd	2009	1996	3	54846	3279	50642	8.56
Bank of Hebei Co.,Ltd	2011	1996	3	106571	4428	73638	17.21
Bank of Hebei Co.,Ltd	2012	1996	3	121841	8348	90252	9.02
Bank of Inner Mongolia Co.,Ltd	2008	1999	3	15795	780	14816	9.07
Bank of Inner Mongolia Co.,Ltd	2009	1999	3	20642	2491	17809	8.56
Bank of Inner Mongolia Co.,Ltd	2010	1999	3	30972	28459	27266	17.28
Bank of Inner Mongolia Co.,Ltd	2011	1999	3	46937	69537	34641	17.21
Bank of Jiangsu Co.,Ltd	2005	2007	3	125713	4313	112770	10.66
Bank of Jiangsu Co.,Ltd	2006	2007	3	151796	9004	135491	12.05
Bank of Jiangsu Co.,Ltd	2007	2007	3	182214	9403	163407	13.57
Bank of Jiangsu Co.,Ltd	2008	2007	3	230333	12394	202553	9.07
Bank of Jiangsu Co.,Ltd	2009	2007	3	330654	15038	286038	8.56
Bank of Jiangsu Co.,Ltd	2010	2007	3	430456	22692	373541	17.28
Bank of Jiangsu Co.,Ltd	2011	2007	3	514146	27812	434278	17.21
Bank of Jiangsu Co.,Ltd	2012	2007	3	650238	34140	531863	9.02
Bank of Jilin Co.,Ltd	2007	2007	3	53390	3342	47487	13.57
Bank of Jilin Co.,Ltd	2008	2007	3	85665	6899	71148	9.07

银行	统计年份	成立年份	银行性质	Assets (mil CNY)	Equity (mil CNY)	DEPOSIT (mil CNY)	人均GDP增长率(%)
Bank of Jilin Co. ,Ltd	2009	2007	3	108181	7899	87341	8.56
Bank of Jilin Co. ,Ltd	2010	2007	3	148081	10619	116655	17.28
Bank of Jilin Co. ,Ltd	2011	2007	3	186428	12143	138424	17.21
Bank of Jilin Co. ,Ltd	2012	2007	3	220757	13844	160111	9.02
Bank of Jinhua Co. ,Ltd	2006	1997	3	13641	778	12053	12.05
Bank of Jinhua Co. ,Ltd	2007	1997	3	15792	946	14282	13.57
Bank of Jinhua Co. ,Ltd	2008	1997	3	20481	1173	18112	9.07
Bank of Jinhua Co. ,Ltd	2009	1997	3	19825	1275	17489	8.56
Bank of Jinhzou Co. ,Ltd	2004	1998	3	12298	339	10294	9.43
Bank of Jinhzou Co. ,Ltd	2005	1998	3	16673	591	15912	10.66
Bank of Jinhzou Co. ,Ltd	2006	1998	3	21927	875	20575	12.05
Bank of Jinhzou Co. ,Ltd	2007	1998	3	27989	1708	24883	13.57
Bank of Jinhzou Co. ,Ltd	2008	1998	3	35492	2195	32213	9.07
Bank of Jinhzou Co. ,Ltd	2009	1998	3	54382	5073	46567	8.56
Bank of Jining Co. ,Ltd	2006	2006	3	4313	259	4008	12.05
Bank of Jining Co. ,Ltd	2007	2006	3	5440	300	4841	13.57
Bank of Jining Co. ,Ltd	2008	2006	3	6841	544	5878	9.07
Bank of Jining Co. ,Ltd	2009	2006	3	8992	644	8242	8.56
Bank of Jinzhou Co. ,Ltd	2010	1998	3	93712	8612	83428	17.28
Bank of Jinzhou Co. ,Ltd	2011	1998	3	106470	9741	81494	17.21
Bank of Jinzhou Co. ,Ltd	2012	1998	3	123258	11330	82741	9.02
Bank of Jiujiang Co. ,Ltd	2009	2000	3	23009	1622	20208	8.56
Bank of Jiujiang Co. ,Ltd	2010	2000	3	41450	3414	34904	17.28
Bank of Jiujiang Co. ,Ltd	2011	2000	3	61323	5827	48590	17.21
Bank of Jiujiang Co. ,Ltd	2012	2000	3	77864	7362	61850	9.02
Bank of Liaoyang Co. ,Ltd	2008	1998	3	18867	1131	17372	9.07
Bank of Liaoyang Co. ,Ltd	2009	1998	3	25260	2171	22817	8.56
Bank of Liaoyang Co. ,Ltd	2010	1998	3	32745	2633	29688	17.28
Bank of Liuzhou Co. ,Ltd	2005	1997	3	5385	242	4856	10.66
Bank of Liuzhou Co. ,Ltd	2006	1997	3	6575	404	5821	12.05

银行	统计年份	成立年份	银行性质	Assets (mil CNY)	Equity (mil CNY)	DEPOSIT (mil CNY)	人均GDP增长率(%)
Bank of Liuzhou Co.,Ltd	2007	1997	3	8737	450	7913	13.57
Bank of Liuzhou Co.,Ltd	2008	1997	3	10121	548	9402	9.07
Bank of Liuzhou Co.,Ltd	2009	1997	3	18350	1105	15735	8.56
Bank of Liuzhou Co.,Ltd	2011	1997	3	51773	3463	30422	17.21
Bank of Liuzhou Co.,Ltd	2012	1997	3	60643	4042	40797	9.02
Bank of Luoyang Co.,Ltd	2004	1997	3	11893	182	9560	9.43
Bank of Luoyang Co.,Ltd	2005	1997	3	17594	994	12160	10.66
Bank of Luoyang Co.,Ltd	2007	1997	3	22868	1194	18088	13.57
Bank of Luoyang Co.,Ltd	2011	1997	3	62199	3884	45363	17.21
Bank of Luoyang Co.,Ltd	2012	1997	3	81974	6657	55044	9.02
Bank of Luoyang Co.,Ltd	2006	1997	3	20219	1067	15125	12.05
Bank of Montreal (China) Co.,Ltd	2010	2010	5	6192	1998	3723	17.28
Bank of Nanjing	1999	1996	3	14880	589	10074	6.69
Bank of Nanjing	2000	1996	3	17055	1181	11592	7.58
Bank of Nanjing	2001	1996	3	20772	1286	13748	7.52
Bank of Nanjing	2002	1996	3	26259	1148	14252	8.35
Bank of Nanjing	2003	1996	3	29582	1318	23893	9.43
Bank of Nanjing	2004	1996	3	38145	1532	29587	9.43
Bank of Nanjing	2005	1996	3	48568	2111	36913	10.66
Bank of Nanjing	2006	1996	3	57923	2622	49414	12.05
Bank of Nanjing	2007	1996	3	76064	9943	54455	13.57
Bank of Nanjing	2008	1996	3	91921	11296	71261	9.07
Bank of Nanjing	2009	1996	3	149111	12038	112458	8.56
Bank of Nanjing	2010	1996	3	219786	18826	170716	17.28
Bank of Nanjing	2011	1996	3	281791	21644	166424	17.21
Bank of Nanjing	2012	1996	3	334281	23127	208164	9.02
Bank of Ningbo	2000	1997	3	6366	268	5838	7.58
Bank of Ningbo	2001	1997	3	11317	462	10032	7.52
Bank of Ningbo	2002	1997	3	18965	488	15617	8.35
Bank of Ningbo	2003	1997	3	30744	816	23729	9.43

续表

银行	统计年份	成立年份	银行性质	Assets (mil CNY)	Equity (mil CNY)	DEPOSIT (mil CNY)	人均GDP增长率(%)
Bank of Ningbo	2004	1997	3	34238	1744	29764	9.43
Bank of Ningbo	2005	1997	3	42429	2187	37526	10.66
Bank of Ningbo	2006	1997	3	56546	3196	46299	12.05
Bank of Ningbo	2007	1997	3	75511	8022	57197	13.57
Bank of Ningbo	2008	1997	3	103263	8805	76816	9.07
Bank of Ningbo	2009	1997	3	163352	9742	129617	8.56
Bank of Ningbo	2010	1997	3	263274	15877	153196	17.28
Bank of Ningbo	2011	1997	3	260498	18714	176737	17.21
Bank of Ningbo	2012	1997	3	373537	22117	207577	9.02
Bank of Qingdao Co.,Ltd	2001	1996	3	9679	656	6851	7.52
Bank of Qingdao Co.,Ltd	2002	1996	3	14825	683	9048	8.35
Bank of Qingdao Co.,Ltd	2003	1996	3	16121	712	11360	9.43
Bank of Qingdao Co.,Ltd	2004	1996	3	15243	804	11989	9.43
Bank of Qingdao Co.,Ltd	2005	1996	3	19063	1219	15372	10.66
Bank of Qingdao Co.,Ltd	2006	1996	3	23701	1249	18581	12.05
Bank of Qingdao Co.,Ltd	2007	1996	3	31168	1606	23807	13.57
Bank of Qingdao Co.,Ltd	2008	1996	3	32521	3903	26969	9.07
Bank of Qingdao Co.,Ltd	2009	1996	3	43185	3936	33942	8.56
Bank of Qingdao Co.,Ltd	2010	1996	3	62937	4146	51239	17.28
Bank of Qingdao Co.,Ltd	2011	1996	3	77026	6958	60244	17.21
Bank of Qingdao Co.,Ltd	2012	1996	3	101658	7437	75040	9.02
Bank of Shanghai	2001	1995	3	116046	3320	111772	7.52
Bank of Shanghai	2002	1995	3	165211	4798	151805	8.35
Bank of Shanghai	2003	1995	3	187055	6132	179195	9.43
Bank of Shanghai	2004	1995	3	216337	7627	188742	9.43
Bank of Shanghai	2005	1995	3	237648	10318	207988	10.66
Bank of Shanghai	2006	1995	3	262903	12341	230586	12.05
Bank of Shanghai	2007	1995	3	308986	14761	261345	13.57
Bank of Shanghai	2008	1995	3	367736	18840	308156	9.07
Bank of Shanghai	2009	1995	3	466039	21512	423810	8.56

银行	统计 年份	成立 年份	银行 性质	Assets （mil CNY）	Equity （mil CNY）	DEPOSIT （mil CNY）	人均 GDP 增长率(%)
Bank of Shanghai	2010	1995	3	566775	29487	497910	17.28
Bank of Shanghai	2011	1995	3	655800	35276	466764	17.21
Bank of Shanghai	2012	1995	3	816904	42272	545032	9.02
Bank of Shaoxing Co. ,Ltd	2003	1997	3	11518	369	9540	9.43
Bank of Shaoxing Co. ,Ltd	2004	1997	3	12475	666	11094	9.43
Bank of Shaoxing Co. ,Ltd	2005	1997	3	15520	700	14081	10.66
Bank of Shaoxing Co. ,Ltd	2006	1997	3	19636	747	17648	12.05
Bank of Shaoxing Co. ,Ltd	2007	1997	3	23001	1558	20118	13.57
Bank of Shaoxing Co. ,Ltd	2008	1997	3	29380	1991	25058	9.07
Bank of Shaoxing Co. ,Ltd	2009	1997	3	33398	2093	29943	8.56
Bank of Shaoxing Co. ,Ltd	2010	1997	3	37147	2418	32382	17.28
Bank of Shaoxing Co. ,Ltd	2011	1997	3	38638	2853	32178	17.21
Bank of Shaoxing Co. ,Ltd	2012	1997	3	45360	3194	35239	9.02
Bank of Tianjin	1999	1996	3	28590	2058	18511	6.69
Bank of Tianjin	2000	1996	3	37330	2276	22809	7.58
Bank of Tianjin	2001	1996	3	34859	3036	26257	7.52
Bank of Tianjin	2002	1996	3	44223	3158	30671	8.35
Bank of Tianjin	2003	1996	3	53964	3234	40344	9.43
Bank of Tianjin	2004	1996	3	60578	3507	48232	9.43
Bank of Tianjin	2005	1996	3	69119	3692	57525	10.66
Bank of Tianjin	2006	1996	3	81164	5129	70726	12.05
Bank of Tianjin	2007	1996	3	102712	5541	84519	13.57
Bank of Tianjin	2008	1996	3	122820	7957	99793	9.07
Bank of Tianjin	2009	1996	3	149330	8274	128133	8.56
Bank of Tianjin	2011	1996	3	235360	14322	164725	17.21
Bank of Tianjin	2012	1996	3	302346	16760	201316	9.02
Bank of Tokyo Mitsubishi UFJ （China）Ltd	2007	2007	5	71551	6781	35582	13.57
Bank of Tokyo Mitsubishi UFJ （China）Ltd	2008	2007	5	80005	7590	48804	9.07
Bank of Tokyo Mitsubishi UFJ （China）Ltd	2009	2007	5	77766	8411	51976	8.56

银行	统计年份	成立年份	银行性质	Assets（mil CNY）	Equity（mil CNY）	DEPOSIT（mil CNY）	人均GDP增长率(%)
Bank of Tokyo Mitsubishi UFJ（China）Ltd	2010	2007	5	100982	10512	70660	17.28
Bank of Weifang Co. ,Ltd	2005	1997	3	14817	337	12534	10.66
Bank of Weifang Co. ,Ltd	2007	1997	3	21562	1108	16628	13.57
Bank of Weifang Co. ,Ltd	2008	1997	3	26874	1638	23203	9.07
Bank of Weifang Co. ,Ltd	2009	1997	3	31449	1971	28747	8.56
Bank of Weifang Co. ,Ltd	2010	1997	3	40325	2499	34883	17.28
Bank of Weifang Co. ,Ltd	2011	1997	3	46200	3676	38192	17.21
Bank of Weifang Co. ,Ltd	2012	1997	3	53023	4344	45710	9.02
Bank of Xinxiang Co. ,Ltd	2005	1997	3	5882	222	4899	10.66
Bank of Xinxiang Co. ,Ltd	2006	1997	3	7702	382	6921	12.05
Bank of Xinxiang Co. ,Ltd	2007	1997	3	9528	532	8240	13.57
Bank of Xinxiang Co. ,Ltd	2008	1997	3	10133	659	9101	9.07
Bank of Xinxiang Co. ,Ltd	2009	1997	3	10612	832	9379	8.56
Bank of Xinxiang Co. ,Ltd	2011	1997	3	13960	1183	11359	17.21
Bank of Xinxiang Co. ,Ltd	2012	1997	3	17023	1586	14156	9.02
Baoshang Bank	2005	1998	3	21812	1523	19026	10.66
Baoshang Bank	2006	1998	3	38988	1776	27048	12.05
Baoshang Bank	2007	1998	3	52662	2209	42659	13.57
Baoshang Bank	2008	1998	3	175124	15830	110393	9.07
Baoshang Bank	2009	1998	3	207618	17990	122974	8.56
Baoshang Bank	2010	1998	3	61936	3032	51404	17.28
Baoshang Bank	2011	1998	3	114844	6920	98552	17.21
Baoshang Bank	2012	1998	3	181941	15969	117068	9.02
Beijing Rural Commercial Bank Co. ,Ltd	2005	2005	4	128233	6409	111594	10.66
Beijing Rural Commercial Bank Co. ,Ltd	2006	2005	4	154741	6820	135861	12.05
Beijing Rural Commercial Bank Co. ,Ltd	2007	2005	4	182674	7029	171635	13.57
Beijing Rural Commercial Bank Co. ,Ltd	2008	2005	4	227278	7662	209773	9.07

银行	统计年份	成立年份	银行性质	Assets (mil CNY)	Equity (mil CNY)	DEPOSIT (mil CNY)	人均 GDP 增长率(%)
Beijing Rural Commercial Bank Co. ,Ltd	2009	2005	4	284134	7732	264156	8.56
Beijing Rural Commercial Bank Co. ,Ltd	2010	2005	4	331147	12785	301084	17.28
Beijing Rural Commercial Bank Co. ,Ltd	2011	2005	4	376833	16233	335591	17.21
Beijing Rural Commercial Bank Co. ,Ltd	2012	2005	4	423991	18840	354729	9.02
Cangzhou City Commercial Bank	2005	1998	3	4966	159	4204	10.66
Cangzhou City Commercial Bank	2006	1998	3	5780	264	5092	12.05
Cangzhou City Commercial Bank	2007	1998	3	7599	311	7002	13.57
Changshu Rural Commercial Bank	2004	2001	4	17583	648	15750	9.43
Changshu Rural Commercial Bank	2005	2001	4	19596	901	17196	10.66
Changshu Rural Commercial Bank	2007	2001	4	30159	1865	25173	13.57
Changshu Rural Commercial Bank	2008	2001	4	35547	2299	29286	9.07
Changzhi City Commercial Bank	2005	2005	3	5185	392	4593	10.66
Changzhi City Commercial Bank	2006	2005	3	8468	442	7233	12.05
Changzhi City Commercial Bank	2007	2005	3	8974	491	7251	13.57
Chengde City Commercial Bank Co. ,Ltd	2005	2002	3	2165	129	1973	10.66
Chengde City Commercial Bank Co. ,Ltd	2006	2002	3	3198	160	2967	12.05
Chengde City Commercial Bank Co. ,Ltd	2007	2002	3	6013	224	5690	13.57
China Bohai Bank	2006	2006	2	15338	4808	9972	12.05
China Bohai Bank	2007	2006	2	32486	4853	25914	13.57
China Bohai Bank	2008	2006	2	62235	4990	49839	9.07
China Bohai Bank	2009	2006	2	117516	5242	102851	8.56
China Bohai Bank	2010	2006	2	265086	9416	201171	17.28
China Bohai Bank	2011	2006	2	312488	16509	162043	17.21
China Bohai Bank	2012	2006	2	472102	19812	213421	9.02
China CITIC Bank Corporation Limited	1999	1987	2	157334	8035	136707	6.69
China CITIC Bank Corporation Limited	2000	1987	2	235285	8562	194592	7.58

续表

银行	统计年份	成立年份	银行性质	Assets (mil CNY)	Equity (mil CNY)	DEPOSIT (mil CNY)	人均GDP增长率(%)
China CITIC Bank Corporation Limited	2001	1987	2	300396	9509	258218	7.52
China CITIC Bank Corporation Limited	2002	1987	2	335163	9337	299543	8.35
China CITIC Bank Corporation Limited	2003	1987	2	419803	16845	374115	9.43
China CITIC Bank Corporation Limited	2004	1987	2	493402	8720	462458	9.43
China CITIC Bank Corporation Limited	2005	1987	2	594993	23718	556491	10.66
China CITIC Bank Corporation Limited	2006	1987	2	706859	31830	649733	12.05
China CITIC Bank Corporation Limited	2007	1987	2	1011236	84141	883820	13.57
China CITIC Bank Corporation Limited	2008	1987	2	1187837	95346	1051940	9.07
China CITIC Bank Corporation Limited	2011	1987	2	2641988	174293	1865221	17.21
China CITIC Bank Corporation Limited	2012	1987	2	2837632	197066	2148582	9.02
China Construction Bank Corporation	1999	1954	1	2201065	106869	1934937	6.69
China Construction Bank Corporation	2000	1954	1	2531695	114850	2290888	7.58
China Construction Bank Corporation	2001	1954	1	2752372	107567	2529986	7.52
China Construction Bank Corporation	2002	1954	1	3083195	107236	2865404	8.35
China Construction Bank Corporation	2003	1954	1	3553070	186230	3132564	9.43
China Construction Bank Corporation	2004	1954	1	3908044	195516	3578230	9.43
China Construction Bank Corporation	2005	1954	1	4584349	287579	4130914	10.66
China Construction Bank Corporation	2006	1954	1	5448511	330204	4935771	12.05
China Construction Bank Corporation	2007	1954	1	6598177	422281	5856879	13.57
China Construction Bank Corporation	2008	1954	1	7526568	463556	6844637	9.07

续表

银行	统计年份	成立年份	银行性质	Assets（mil CNY）	Equity（mil CNY）	DEPOSIT（mil CNY）	人均 GDP 增长率(%)
China Construction Bank Corporation	2009	1954	1	9565131	551319	8763790	8. 56
China Construction Bank Corporation	2010	1954	1	10714805	691365	9741548	17. 28
China Construction Bank Corporation	2011	1954	1	12138890	806577	9906093	17. 21
China Construction Bank Corporation	2012	1954	1	13786750	935521	11250000	9. 02
China Merchants Bank Co. ,Ltd	1999	1987	2	156606	2882	132800	6. 69
China Merchants Bank Co. ,Ltd	2000	1987	2	219508	3685	183414	7. 58
China Merchants Bank Co. ,Ltd	2001	1987	2	266331	4912	236088	7. 52
China Merchants Bank Co. ,Ltd	2002	1987	2	371660	16032	328909	8. 35
China Merchants Bank Co. ,Ltd	2003	1987	2	503893	18262	430616	9. 43
China Merchants Bank Co. ,Ltd	2004	1987	2	586574	20881	531455	9. 43
China Merchants Bank Co. ,Ltd	2005	1987	2	734613	25997	674077	10. 66
China Merchants Bank Co. ,Ltd	2006	1987	2	934102	55160	842611	12. 05
China Merchants Bank Co. ,Ltd	2007	1987	2	1310552	67984	1162054	13. 57
China Merchants Bank Co. ,Ltd	2008	1987	2	1499442	87507	1293982	9. 07
China Merchants Bank Co. ,Ltd	2009	1987	2	1975917	100408	1782630	8. 56
China Merchants Bank Co. ,Ltd	2010	1987	2	2288339	141009	2036514	17. 28
China Merchants Bank Co. ,Ltd	2011	1987	2	2794971	165010	2220060	17. 21
China Merchants Bank Co. ,Ltd	2012	1987	2	3408219	200507	2532444	9. 02
China Minsheng Banking Corporation	1999	1996	2	35776	1068	32848	6. 69
China Minsheng Banking Corporation	2000	1996	2	69957	5242	59922	7. 58
China Minsheng Banking Corporation	2001	1996	2	138385	5681	128102	7. 52
China Minsheng Banking Corporation	2002	1996	2	244551	6989	223664	8. 35
China Minsheng Banking Corporation	2003	1996	2	360982	9764	319606	9. 43
China Minsheng Banking Corporation	2004	1996	2	445297	12717	414294	9. 43
China Minsheng Banking Corporation	2005	1996	2	577760	15466	523967	10. 66

银行	统计 年份	成立 年份	银行 性质	Assets （mil CNY）	Equity （mil CNY）	DEPOSIT （mil CNY）	人均 GDP 增长率(%)
China Minsheng Banking Corporation	2006	1996	2	725088	19310	640947	12.05
China Minsheng Banking Corporation	2007	1996	2	919797	50186	750152	13.57
China Minsheng Banking Corporation	2009	1996	2	1404087	87873	1274772	8.56
China Minsheng Banking Corporation	2010	1996	2	1780310	103559	1629332	17.28
China Minsheng Banking Corporation	2011	1996	2	2229064	129597	1644738	17.21
China Minsheng Banking Corporation	2012	1996	2	3212001	163077	1926194	9.02
China Postal Savings Bank	2007	1986	4	1192056	11843	317	13.57
China Postal Savings Bank	2008	1986	4	2230555	21813	2148904	9.07
China Postal Savings Bank	2009	1986	4	2701393	31533	2614668	8.56
China Postal Savings Bank	2010	1986	4	3389122	53848	3258833	17.28
Chinese Mercantile Bank	1999	1993	3	317	96	211	6.69
Chongqing Rural Commercial Bank	2009	1996	4	201361	9477	157912	8.56
Chongqing Rural Commercial Bank	2011	1996	4	127217	6388	89307	17.21
Chongqing RuralCommercial Bank	2012	1996	4	156148	8247	114043	9.02
Citibank （China） Co.，Ltd	2008	2007	5	97339	6505	75441	9.07
Citibank （China） Co.，Ltd	2009	2007	5	113789	7006	96679	8.56
Citibank （China） Co.，Ltd	2010	2007	5	127400	7759	106377	17.28
Citibank （China） Co.，Ltd	2007	2007	5	104820	4968	83907	13.57
CITIC Bank International （China） Limited	2008	2008	2	4347	1037	1246	9.07
CITIC Bank International （China） Limited	2009	2008	2	5728	1063	2402	8.56
CITIC Bank International （China） Limited	2010	2008	2	6907	1085	2906	17.28
Commercial Bank of Zhengzhou	2005	2000	3	20011	824	16063	10.66
Commercial Bank of Zhengzhou	2006	2000	3	24776	952	20760	12.05
Commercial Bank of Zhengzhou	2007	2000	3	30384	1278	24690	13.57
Credit Agricole CIB （China）	2008	2007	5	1978	159	1632	9.07
Credit Agricole CIB （China）	2010	2007	5	16831	3128	5339	17.28

续表

银行	统计年份	成立年份	银行性质	Assets（mil CNY）	Equity（mil CNY）	DEPOSIT（mil CNY）	人均 GDP 增长率(%)
Credit Agricole CIB（China）	2011	2007	5	17380	3336	8140	17.21
Credit Agricole CIB（China）	2012	2007	5	14601	3324	5284	9.02
Credit Agricole CIB（China）	2009	2007	5	12136	3081	8442	8.56
Credit Agricole CIB（China）	2007	2007	5	1869	115	1625	13.57
Dah Sing Bank，Ltd	2007	2001	5	129	41	84	13.57
Dah Sing Bank，Ltd	2008	2001	5	282	145	131	9.07
Dah Sing Bank，Ltd	2009	2001	5	364	145	212	8.56
Dah Sing Bank，Ltd	2006	2001	5	127	27	98	12.05
Datong City Commercial Bank	2006	2001	3	11058	194	8960	12.05
Datong City Commercial Bank	2007	2001	3	11493	632	10331	13.57
DBS BANK（China）Limited	2008	2007	5	37084	4413	20224	9.07
DBS BANK（China）Limited	2009	2007	5	37018	4526	20584	8.56
DBS BANK（China）Limited	2010	2007	5	62459	4742	41371	17.28
DBS BANK（China）Limited	2007	2007	5	30286	4098	12425	13.57
Deutsche Bank（China）Co.，Ltd	2009	2008	5	29734	5014	16878	8.56
Deutsche Bank（China）Co.，Ltd	2010	2008	5	37199	5055	24756	17.28
Deutsche Bank（China）Co.，Ltd	2008	2008	5	29891	3382	14569	9.07
Dezhou City Commercial Bank	2005	2004	3	5801	529	5226	10.66
Dezhou City Commercial Bank	2006	2004	3	7118	553	6190	12.05
Dezhou City Commercial Bank	2007	2004	3	8212	596	7226	13.57
Dezhou City Commercial Bank	2008	2004	3	10365	746	9092	9.07
Dezhou City Commercial Bank	2009	2004	3	13363	1365	11861	8.56
Dongguan Rural Commercial Bank Co.，Ltd	2004	1999	4	72273	3143	55522	9.43
Dongguan Rural Commercial Bank Co.，Ltd	2005	1999	4	87524	3497	69593	10.66
Dongguan Rural Commercial Bank Co.，Ltd	2006	1999	4	74750	3800	55629	12.05
Dongguan Rural Commercial Bank- Co.，Ltd	2007	1999	4	82545	4385	61483	13.57
Dongguan Rural Commercial Bank Co.，Ltd	2008	1999	4	96405	5825	66852	9.07

银行	统计年份	成立年份	银行性质	Assets（mil CNY）	Equity（mil CNY）	DEPOSIT（mil CNY）	人均GDP增长率(%)
Dongguan Rural Commercial Bank Co. ，Ltd	2009	1999	4	110341	7288	73755	8.56
Dongguan Rural Commercial Bank Co. ，Ltd	2010	1999	4	127221	8346	112020	17.28
East West Bank（China）Limited	2002	1992	5	69	60	7	8.35
East West Bank（China）Limited	2003	1992	5	91	70	14	9.43
East West Bank（China）Limited	2004	1992	5	126	71	16	9.43
East West Bank（China）Limited	2005	1992	5	178	74	22	10.66
East West Bank（China）Limited	2006	1992	5	218	76	36	12.05
East West Bank（China）Limited	2007	1992	5	339	145	55	13.57
East West Bank（China）Limited	2001	1992	5	80	60	18	7.52
East West Bank（China）Limited	2008	1992	5	451	149	90	9.07
East West Bank（China）Limited	2009	1992	5	343	125	105	8.56
Foshan Shunde Rural Commercial Bank Company Limited	2002	1996	4	51854	912	44686	8.35
Foshan Shunde Rural Commercial Bank Company Limited	2003	1996	4	59474	936	52268	9.43
Foshan Shunde Rural Commercial Bank Company Limited	2004	1996	4	66839	985	60956	9.43
Foshan Shunde Rural Commercial Bank Company Limited	2005	1996	4	81582	1881	72791	10.66
Foshan Shunde Rural Commercial Bank Company Limited	2006	1996	4	89809	2078	81286	12.05
Foshan Shunde Rural Commercial Bank Company Limited	2007	1996	4	69996	2358	61214	13.57
Foshan Shunde Rural Commercial Bank Company Limited	2008	1996	4	76689	3456	70516	9.07
Foshan Shunde Rural Commercial Bank Company Limited	2009	1996	4	101558	8068	85742	8.56
Foshan Shunde Rural Commercial Bank Company Limited	2010	1996	4	119756	9346	104756	17.28

续表

银行	统计年份	成立年份	银行性质	Assets (mil CNY)	Equity (mil CNY)	DEPOSIT (mil CNY)	人均 GDP 增长率(%)
Fujian Haixia Bank Co. ,Ltd	2003	1996	3	9864	379	7140	9.43
Fujian Haixia Bank Co. ,Ltd	2004	1996	3	11361	397	9204	9.43
Fujian Haixia Bank Co. ,Ltd	2005	1996	3	13643	811	11591	10.66
Fujian Haixia Bank Co. ,Ltd	2006	1996	3	22361	1044	19356	12.05
Fujian Haixia Bank Co. ,Ltd	2007	1996	3	32706	1352	25967	13.57
Fujian Haixia Bank Co. ,Ltd	2008	1996	3	30795	1823	25099	9.07
Fujian Haixia Bank Co. ,Ltd	2009	1996	3	41531	4089	32591	8.56
Fujian Haixia Bank Co. ,Ltd	2010	1996	3	53369	4467	42338	17.28
Fujian Haixia Bank Co. ,Ltd	2011	1996	3	61790	5034	47823	17.21
Fujian Haixia Bank Co. ,Ltd	2012	1996	3	70271	5618	51941	9.02
Ganzhou City Commercial Bank	2006	1996	3	5202	331	4798	12.05
Ganzhou City Commercial Bank	2007	1996	3	7091	507	6478	13.57
Guangxi Beibu Gulf Bank Co. ,Ltd	2008	1997	3	27338	3244	23645	9.07
Guangxi Beibu Gulf Bank Co. ,Ltd	2009	1997	3	59228	4167	35651	8.56
Guangxi Beibu Gulf Bank Co. ,Ltd	2010	1997	3	16067	2576	13228	17.28
Guangxi Beibu Gulf Bank Co. ,Ltd	2011	1997	3	111101	5966	45684	17.21
Guangxi Beibu Gulf Bank Co. ,Ltd	2012	1997	3	121715	8896	56077	9.02
Guangzhou Rural Commercial Bank Co. , Ltd.	2004	1998	4	70550	1266	49761	9.43
Guangzhou Rural Commercial Bank Co. , Ltd.	2005	1998	4	84091	1783	58850	10.66
Guangzhou Rural Commercial Bank Co. , Ltd.	2007	1998	4	115166	5543	79081	13.57
Guangzhou Rural Commercial Bank Co. , Ltd.	2008	1998	4	149715	5881	100164	9.07
Guangzhou Rural Commercial Bank Co. , Ltd.	2009	1998	4	172634	11828	146246	8.56
Guangzhou Rural Commercial Bank Co. , Ltd.	2010	1998	4	211395	13920	180168	17.28
Guangzhou Rural Commercial Bank Co. , Ltd.	2011	1998	4	273737	21426	212517	17.21
Guangzhou Rural Commercial Bank Co. , Ltd.	2012	1998	4	347455	24389	265511	9.02
Guiyang Commercial Bank Co. , Ltd	2004	1997	3	22569	1080	19463	9.43

续表

银行	统计年份	成立年份	银行性质	Assets (mil CNY)	Equity (mil CNY)	DEPOSIT (mil CNY)	人均 GDP 增长率(%)
Guiyang Commercial Bank Co. ,Ltd	2005	1997	3	27708	1301	22690	10. 66
Guiyang Commercial Bank Co. ,Ltd	2006	1997	3	30267	1540	24606	12. 05
Guiyang Commercial Bank Co. ,Ltd	2007	1997	3	36341	2004	28530	13. 57
Guiyang Commercial Bank Co. ,Ltd	2008	1997	3	38872	1621	33712	9. 07
Guiyang Commercial Bank Co. ,Ltd	2009	1997	3	49560	2664	42892	8. 56
Guiyang Commercial Bank Co. ,Ltd	2010	1997	3	63444	3734	53651	17. 28
Hana Bank (China) Company Ltd	2008	2007	5	12375	2002	5939	9. 07
Hana Bank (China) Company Ltd	2009	2007	5	10972	2012	7468	8. 56
Hana Bank (China) Company Ltd	2010	2007	5	12560	2082	10270	17. 28
Hana Bank (China) Company Ltd	2007	2007	5	8958	1992	854	13. 57
Handan Commercial Bank Co. ,Ltd	2008	2008	3	8755	411	8147	9. 07
Handan Commercial Bank Co. ,Ltd	2010	2008	3	13613	794	12363	17. 28
Handan Commercial Bank Co. ,Ltd	2011	2008	3	25311	1042	18484	17. 21
Handan Commercial Bank Co. ,Ltd	2012	2008	3	31689	2133	25958	9. 02
Handan Commercial Bank Co. ,Ltd	2009	2008	3	50808	2687	35193	8. 56
Hang Seng Bank (China) Limited	2007	2007	5	30982	4671	10159	13. 57
Hang Seng Bank (China) Limited	2008	2007	5	33124	4523	13686	9. 07
Hang Seng Bank (China) Limited	2009	2007	5	36373	4544	20650	8. 56
Hang Seng Bank (China) Limited	2010	2007	5	58579	4511	29941	17. 28
Hang Seng Bank (China) Limited	2011	2007	5	76385	5023	31942	17. 21
Hang Seng Bank (China) Limited	2012	2007	5	80504	5583	31551	9. 02
Hankou Bank	2001	1997	3	14203	430	11469	7. 52
Hankou Bank	2002	1997	3	18969	508	13770	8. 35
Hankou Bank	2003	1997	3	21041	578	17036	9. 43
Hankou Bank	2004	1997	3	24995	627	20215	9. 43
Hankou Bank	2005	1997	3	26355	663	21205	10. 66
Hankou Bank	2006	1997	3	29446	894	25245	12. 05
Hankou Bank	2007	1997	3	36741	2940	32503	13. 57
Hankou Bank	2008	1997	3	42922	3429	37196	9. 07
Hankou Bank	2009	1997	3	62579	3769	53266	8. 56

续表

银行	统计年份	成立年份	银行性质	Assets（mil CNY）	Equity（mil CNY）	DEPOSIT（mil CNY）	人均 GDP 增长率(%)
Hankou Bank	2010	1997	3	111767	6478	99945	17.28
Hankou Bank	2011	1997	3	137943	8148	91728	17.21
Hankou Bank	2012	1997	3	162382	11950	108101	9.02
Harbin Bank	2003	1997	3	19891	694	17211	9.43
Harbin Bank	2004	1997	3	23855	794	19836	9.43
Harbin Bank	2005	1997	3	30805	887	27703	10.66
Harbin Bank	2006	1997	3	43705	2010	34715	12.05
Harbin Bank	2007	1997	3	53601	2398	42665	13.57
Harbin Bank	2008	1997	3	125825	5174	112891	9.07
Harbin Bank	2009	1997	3	53601	2398	42665	8.56
Harbin Bank	2010	1997	3	84606	3881	78088	17.28
Harbin Bank	2011	1997	3	200783	11367	142767	17.21
Harbin Bank	2012	1997	3	263630	16701	180433	9.02
Hengyang City Commercial Bank	2006	2002	3	5867	201	5039	12.05
Hengyang City Commercial Bank	2007	2002	3	6526	473	5721	13.57
HSBC Bank（China）Co.,Ltd	2008	2007	5	153002	11644	127263	9.07
HSBC Bank（China）Co.,Ltd	2009	2007	5	162052	12254	139178	8.56
HSBC Bank（China）Co.,Ltd	2010	2007	5	205620	13055	169791	17.28
HSBC Bank（China）Co.,Ltd	2007	2007	5	142837	10760	122974	13.57
Hua Xia Bank Co.,Limited	1999	1992	2	1040310	35499	758778	6.69
Hua Xia Bank Co.,Limited	2000	1992	2	61131	3180	55103	7.58
Hua Xia Bank Co.,Limited	2001	1992	2	99833	1456	90321	7.52
Hua Xia Bank Co.,Limited	2002	1992	2	135050	2096	126699	8.35
Hua Xia Bank Co.,Limited	2003	1992	2	178147	3601	167624	9.43
Hua Xia Bank Co.,Limited	2004	1992	2	246829	8627	221839	9.43
Hua Xia Bank Co.,Limited	2005	1992	2	304326	9609	282932	10.66
Hua Xia Bank Co.,Limited	2006	1992	2	355922	10531	335594	12.05
Hua Xia Bank Co.,Limited	2007	1992	2	444940	11643	394262	13.57
Hua Xia Bank Co.,Limited	2008	1992	2	592338	13056	498162	9.07
Hua Xia Bank Co.,Limited	2009	1992	2	731637	27421	572364	8.56

银行	统计年份	成立年份	银行性质	Assets (mil CNY)	Equity (mil CNY)	DEPOSIT (mil CNY)	人均GDP增长率(%)
Hua Xia Bank Co. , Limited	2010	1992	2	1040230	35496	861202	17.28
Hua Xia Bank Co. , Limited	2012	1992	2	1487891	74702	1034862	9.02
Huangshi City Commercial Bank	2006	2002	3	2918	157	2726	12.05
Huangshi City Commercial Bank	2007	2002	3	3632	211	3342	13.57
Huishang Bank Co. ,Ltd	2005	2005	3	71269	2805	64212	10.66
Huishang Bank Co. ,Ltd	2006	2005	3	105405	3976	84471	12.05
Huishang Bank Co. ,Ltd	2006	2005	3	49585	2298	43666	12.05
Huishang Bank Co. ,Ltd	2007	2005	3	70362	3152	63750	13.57
Huishang Bank Co. ,Ltd	2007	2005	3	105405	3976	84471	13.57
Huishang Bank Co. ,Ltd	2008	2005	3	131309	11957	110664	9.07
Huishang Bank Co. ,Ltd	2009	2005	3	162400	12809	137531	8.56
Huishang Bank Co. ,Ltd	2010	2005	3	208976	14357	169404	17.28
Huzhou City Commercial Bank	2005	1998	3	6011	360	4132	10.66
Huzhou City Commercial Bank	2006	1998	3	7429	405	5488	12.05
Huzhou City Commercial Bank	2007	1998	3	8528	499	6482	13.57
Industrial & Commercial Bank of China	1999	1984	1	3539866	181475	3170459	6.69
Industrial & Commercial Bank of China	2000	1984	1	3973737	187366	3557154	7.58
Industrial & Commercial Bank of China	2001	1984	1	4318071	190994	3915570	7.52
Industrial & Commercial Bank of China	2002	1984	1	4734236	177855	4345795	8.35
Industrial & Commercial Bank of China	2003	1984	1	5239963	170139	4847335	9.43
Industrial & Commercial Bank of China	2004	1984	1	4973477	162983	5273850	9.43
Industrial & Commercial Bank of China	2005	1984	1	6373791	251744	5843695	10.66
Industrial & Commercial Bank of China	2006	1984	1	6174604	161997	5285381	12.05
Industrial & Commercial Bank of China	2007	1984	1	8513353	388971	6956779	13.57
Industrial & Commercial Bank of China	2008	1984	1	10208988	490220	8147772	9.07

银行	统计年份	成立年份	银行性质	Assets (mil CNY)	Equity (mil CNY)	DEPOSIT (mil CNY)	人均 GDP 增长率(%)
Industrial & Commercial Bank of China	2009	1984	1	13321616	595975	11396600	8.56
Industrial & Commercial Bank of China	2010	1984	1	18496730	919950	15765590	17.28
Industrial Bank of Korea (China) Limited	2010	2009	5	1039	300	659	17.28
Industrial Bank of Korea (China) Limited	2009	2009	5	729	287	420	8.56
Jiangsu Jiangyin Rural Commercial Bank	2006	2001	4	23543	1126	21099	12.05
Jiangsu Jiangyin Rural Commercial Bank	2007	2001	4	28085	1552	24727	13.57
Jiangsu Jiangyin Rural Commercial Bank	2008	2001	4	32058	2169	28433	9.07
Jiangsu Jiangyin Rural Commercial Bank	2009	2001	4	41572	2718	35841	8.56
Jiangsu Jiangyin Rural Commercial Bank	2010	2001	4	52820	3556	45313	17.28
Jiangsu Jiangyin Rural Commercial Bank	2011	2001	4	56327	4390	47648	17.21
Jiangsu Jiangyin Rural Commercial Bank	2012	2001	4	73373	5171	53272	9.02
Jiangsu Wujiang Rural Commercial Bank	2006	2004	4	21219	1340	19338	12.05
Jiangsu Wujiang Rural Commercial Bank	2007	2004	4	25907	1658	23329	13.57
Jiangsu Wujiang Rural Commercial Bank	2008	2004	4	31559	1977	28672	9.07
Jiangsu Wujiang Rural Commercial Bank	2009	2004	4	20229	1034	18748	8.56
Jiangsu Wujiang Rural Commercial Bank	2009	2004	4	21214	1336	19338	8.56
Jiangsu Wujiang Rural Commercial Bank	2011	2004	4	25881	1653	23308	17.21
Jiangsu Zhangjiagang Rural Commercial Bank Co.,Ltd	2008	2001	4	24543	2457	18053	9.07
Jiangsu Zhangjiagang Rural Commercial Bank Co.,Ltd	2009	2001	4	26824	2872	20630	8.56
Jiangsu Zhangjiagang Rural Commercial Bank Co.,Ltd	2010	2001	4	32519	3249	26504	17.28

银行	统计年份	成立年份	银行性质	Assets (mil CNY)	Equity (mil CNY)	DEPOSIT (mil CNY)	人均GDP增长率(%)
Jiangsu Zhangjiagang Rural Commercial Bank Co. ,Ltd	2011	2001	4	52690	3756	44150	17.21
Jiangsu Zhangjiagang Rural Commercial Bank Co. ,Ltd	2012	2001	4	70245	4459	43481	9.02
Jiangsu Zhangjiagang Rural Commercial Bank Co. ,Ltd	2007	2001	4	71484	5017	44236	13.57
Jiaozuo City Commercial Bank Co. ,Ltd	2006	1998	3	8024	601	7145	12.05
Jiaozuo City Commercial Bank Co. ,Ltd	2007	1998	3	8679	658	7411	13.57
Jiaxing City Commercial Bank Co. ,Ltd	2006	1998	3	9138	527	8427	12.05
Jiaxing City Commercial Bank Co. ,Ltd	2007	1998	3	11770	841	10659	13.57
Jingzhou City Commercial Bank Co. ,Ltd	2006	1998	3	4096	319	3233	12.05
Jingzhou City Commercial Bank Co. ,Ltd	2007	1998	3	5100	416	3688	13.57
Jiujiang City Commercial Bank Co. ,Ltd	2004	2000	3	2701	116	2136	9.43
Jiujiang City Commercial Bank Co. ,Ltd	2005	2000	3	4684	170	4072	10.66
Jiujiang City Commercial Bank Co. ,Ltd	2006	2000	3	6697	269	5430	12.05
JP Morgan Chase Bank (China) Co. ,Ltd	2008	2007	5	17631	2327	12137	9.07
JP Morgan Chase Bank (China) Co. ,Ltd	2009	2007	5	16342	4469	11122	8.56
JP Morgan Chase Bank (China) Co. ,Ltd	2010	2007	5	20209	4472	14523	17.28
JP Morgan Chase Bank (China) Co. ,Ltd	2007	2007	5	15859	2172	12336	13.57
Karamay City Commercial Bank Co. ,Ltd	2005	2005	3	2472	63	2265	10.66
Karamay City Commercial Bank Co. ,Ltd	2006	2005	3	2755	122	2577	12.05
Karamay City Commercial Bank Co. ,Ltd	2007	2005	3	3249	133	2973	13.57
Karamay City Commercial Bank Co. ,Ltd	2010	2010	3	7501	2213	4989	17.28

银行	统计年份	成立年份	银行性质	Assets (mil CNY)	Equity (mil CNY)	DEPOSIT (mil CNY)	人均GDP增长率(%)
Kunshan Rural Commercial Bank	2006	2006	4	13666	703	10314	12.05
Kunshan Rural Commercial Bank	2007	2006	4	16685	846	12922	13.57
Kunshan Rural Commercial Bank	2008	2006	4	19500	1036	17899	9.07
Lanzhou City Commercial Bank Co. ,Ltd	2005	1998	3	20213	428	18175	10.66
Lanzhou City Commercial Bank Co. ,Ltd	2006	1998	3	26752	1289	24092	12.05
Lanzhou City Commercial Bank Co. ,Ltd	2007	1998	3	29327	1366	26507	13.57
Metropolitan Bank（China）Ltd	2010	2010	5	2093	1318	759	17.28
Mianyang City Commercial Bank	2006	2000	3	5973	210	4136	12.05
Mianyang City Commercial Bank	2007	2000	3	7871	226	5915	13.57
Mizuho Corporate Bank China Ltd	2008	2007	5	45815	4645	40643	9.07
Mizuho Corporate Bank China Ltd	2009	2007	5	43818	4898	38523	8.56
Mizuho Corporate Bank China Ltd	2010	2007	5	62078	7521	53965	17.28
Mizuho Corporate Bank China Ltd	2007	2007	5	43463	4488	18210	13.57
Nanchong City Commercial Bank Co. , Ltd	2002	2001	3	1383	99	1195	8.35
Nanchong City Commercial Bank Co. , Ltd	2003	2001	3	2132	108	1816	9.43
Nanchong City Commercial Bank Co. , Ltd	2004	2001	3	2701	129	2409	9.43
Nanchong City Commercial Bank Co. , Ltd	2006	2001	3	16397	734	13173	12.05
Nanchong City Commercial Bank Co. , Ltd	2007	2001	3	23976	945	20002	13.57
Nanchong City Commercial Bank Co. , Ltd	2008	2001	3	108746	5030	63820	9.07
Nanchong City Commercial Bank Co. , Ltd	2009	2001	3	24155	963	20162	8.56

续表

银行	统计年份	成立年份	银行性质	Assets（mil CNY）	Equity（mil CNY）	DEPOSIT（mil CNY）	人均 GDP 增长率(%)
Nanchong City Commercial Bank Co., Ltd	2011	2001	3	23356	1503	18829	17.21
Nanchong City Commercial Bank Co., Ltd	2012	2001	3	27004	3186	22038	9.02
Nanning City Commercial Bank	2006	1997	3	9407	369	8660	12.05
Nanning City Commercial Bank	2007	1997	3	10632	329	10013	13.57
Nantong City Commercial Bank Co., Ltd	2000	1995	3	4234	216	3617	7.58
Nantong City Commercial Bank Co., Ltd	2001	1995	3	4808	227	4229	7.52
Nantong City Commercial Bank Co., Ltd	2002	1995	3	6712	256	5178	8.35
Nantong City Commercial Bank Co., Ltd	2003	1995	3	10343	284	6539	9.43
Nantong City Commercial Bank Co., Ltd	2004	1995	3	13998	377	11420	9.43
Nantong City Commercial Bank Co., Ltd	2005	1995	3	15020	526	13853	10.66
Nanyang Commercial Bank (China) Limited	2007	1998	3	14263	2749	3503	13.57
Nanyang Commercial Bank (China) Limited	2008	1998	3	14219	2699	3717	9.07
Nanyang Commercial Bank (China) Limited	2009	1998	3	32091	4901	14025	8.56
Nanyang Commercial Bank (China) Limited	2010	1998	3	49281	5055	32230	17.28
Ningbo Yinzhou Rural Cooperative Bank-Yinzhou Bank	2004	2003	4	16713	696	8377	9.43
Ningbo Yinzhou Rural Cooperative Bank-Yinzhou Bank	2005	2003	4	18108	747	9528	10.66
Ningbo Yinzhou Rural Cooperative Bank-Yinzhou Bank	2006	2003	4	21143	843	11361	12.05
Ningbo Yinzhou Rural Cooperative Bank-Yinzhou Bank	2007	2003	4	25380	1306	22722	13.57
Ningbo Yinzhou Rural Cooperative Bank-Yinzhou Bank	2008	2003	4	32503	1921	29373	9.07
Ningbo Yinzhou Rural Cooperative Bank-Yinzhou Bank	2009	2003	4	39584	2391	36138	8.56

续表

银行	统计年份	成立年份	银行性质	Assets (mil CNY)	Equity (mil CNY)	DEPOSIT (mil CNY)	人均GDP增长率(%)
Ningbo Yinzhou Rural Cooperative Bank-Yinzhou Bank	2010	2003	4	48926	3127	41872	17.28
Ningbo Yuyao Rural Cooperative Bank	2005	2005	4	7071	435	3585	10.66
Ningbo Yuyao Rural Cooperative Bank	2006	2005	4	8703	497	4171	12.05
Ningbo Yuyao Rural Cooperative Bank	2007	2005	4	10924	639	5486	13.57
OCBC Bank (China) Limited	2008	2007	5	15824	3568	6545	9.07
OCBC Bank (China) Limited	2009	2007	5	17579	3573	6198	8.56
OCBC Bank (China) Limited	2010	2007	5	34031	3641	18046	17.28
OCBC Bank (China) Limited	2007	2007	5	12612	3487	3104	13.57
Ordos Commercial Bank	2006	2006	3	2560	175	1586	12.05
Ordos Commercial Bank	2007	2006	3	5122	397	2395	13.57
Qilu Bank Co.,Ltd	2001	1996	3	10358	563	7968	7.52
Qilu Bank Co.,Ltd	2002	1996	3	16739	859	11066	8.35
Qilu Bank Co.,Ltd	2003	1996	3	19943	1138	13403	9.43
Qilu Bank Co.,Ltd	2004	1996	3	23525	1293	17494	9.43
Qilu Bank Co.,Ltd	2005	1996	3	25124	1357	23021	10.66
Qilu Bank Co.,Ltd	2006	1996	3	32409	1849	27833	12.05
Qilu Bank Co.,Ltd	2007	1996	3	37841	1996	32024	13.57
Qilu Bank Co.,Ltd	2008	1996	3	49545	2671	45401	9.07
Qilu Bank Co.,Ltd	2009	1996	3	61789	2815	55641	8.56
Qilu Bank Co.,Ltd	2011	1996	3	77266	4380	65097	17.21
Qilu Bank Co.,Ltd	2012	1996	3	83593	5309	70292	9.02
Royal Bank of Scotland (China) Co.,Ltd	2008	2007	5	5806	644	1472	9.07
Royal Bank of Scotland (China) Co.,Ltd	2009	2007	5	4172	644	1500	8.56
Royal Bank of Scotland (China) Co.,Ltd	2010	2007	5	4289	660	1610	17.28
Royal Bank of Scotland (China) Co.,Ltd	2007	2007	5	5362	537	1052	13.57
Shanghai Pudong Development Bank	1999	1993	2	101643	6487	90027	6.69

续表

银行	统计年份	成立年份	银行性质	Assets（mil CNY）	Equity（mil CNY）	DEPOSIT（mil CNY）	人均 GDP 增长率(%)
Shanghai Pudong Development Bank	2000	1993	2	129741	6487	116135	7.58
Shanghai Pudong Development Bank	2001	1993	2	173691	7067	159991	7.52
Shanghai Pudong Development Bank	2002	1993	2	279301	8352	260715	8.35
Shanghai Pudong Development Bank	2003	1993	2	371057	12011	339403	9.43
Shanghai Pudong Development Bank	2004	1993	2	455532	13510	415092	9.43
Shanghai Pudong Development Bank	2005	1993	2	573523	15970	527890	10.66
Shanghai Pudong Development Bank	2006	1993	2	689358	24721	628927	12.05
Shanghai Pudong Development Bank	2007	1993	2	914980	28298	828969	13.57
Shanghai Pudong Development Bank	2008	1993	2	1309450	41680	1169782	9.07
Shanghai Pudong Development Bank	2009	1993	2	1621722	67955	1500422	8.56
Shanghai Pudong Development Bank	2010	1993	2	2187637	122996	1973153	17.28
Shanghai Pudong Development Bank	2011	1993	2	2684694	149543	1851055	17.21
Shanghai Pudong Development Bank	2012	1993	2	3124630	177275	2119284	9.02
Shangrao City Commercial Bank	2006	2001	3	3609	232	3323	12.05
Shangrao City Commercial Bank	2007	2001	3	4724	261	4188	13.57
Shengjing Bank	2005	1997	3	37137	1377	32924	10.66
Shengjing Bank	2006	1997	3	55301	2784	46610	12.05
Shengjing Bank	2007	1997	3	80940	3592	69302	13.57
Shengjing Bank	2008	1997	3	113483	5598	96798	9.07
Shengjing Bank	2011	1997	3	221170	11482	171474	17.21
Shengjing Bank	2012	1997	3	313204	14770	207987	9.02
Shinhan Bank（China）Limited	2008	2008	5	7490	2016	2795	9.07
Shinhan Bank（China）Limited	2009	2008	5	7794	2073	5462	8.56
Shinhan Bank（China）Limited	2010	2008	5	9898	2089	7159	17.28

银行	统计年份	成立年份	银行性质	Assets（mil CNY）	Equity（mil CNY）	DEPOSIT（mil CNY）	人均 GDP增长率(%)
Societe Generale（China）Limited	2008	2007	5	6471	3822	1007	9.07
Societe Generale（China）Limited	2009	2007	5	9934	3606	5937	8.56
Societe Generale（China）Limited	2010	2007	5	17739	3604	13588	17.28
Societe Generale（China）Limited	2007	2007	5	9344	3994	1120	13.57
Standard Chartered Bank（China）Ltd	2008	2007	5	124168	8311	104785	9.07
Standard Chartered Bank（China）Ltd	2009	2007	5	131167	10949	111858	8.56
Standard Chartered Bank（China）Ltd	2010	2007	5	169023	11378	147197	17.28
Standard Chartered Bank（China）Ltd	2007	2007	5	105517	7944	85036	13.57
Sumitomo Mitsui Banking Corporation（China）Limited	2009	1992	5	56820	8623	34978	8.56
Sumitomo Mitsui Banking Corporation（China）Limited	2010	1992	5	64439	9011	44169	17.28
Taizhou City Commercial Bank	2006	2002	5	14219	749	13019	12.05
Taizhou City Commercial Bank	2007	2002	5	18096	1094	16494	13.57
United Overseas Bank（China）Limited	2008	2008	5	17535	3276	14097	9.07
United Overseas Bank（China）Limited	2009	2008	5	14579	3363	11127	8.56
United Overseas Bank（China）Limited	2010	2008	5	22762	3448	19100	17.28
United Rural Cooperative Bank of Hangzhou	2005	2005	4	23705	1414	21325	10.66
United Rural Cooperative Bank of Hangzhou	2006	2005	4	29843	1813	26102	12.05
United Rural Cooperative Bank of Hangzhou	2007	2005	4	34738	2593	26106	13.57
United Rural Cooperative Bank of Hangzhou	2008	2005	4	45701	3183	29655	9.07
United Rural Cooperative Bank of Hangzhou	2009	2005	4	59357	3791	38110	8.56
United Rural Cooperative Bank of Hangzhou	2010	2005	4	74036	6881	64840	17.28
Weihai City Commercial Bank Co.,Ltd	2006	1997	3	17555	1196	14337	12.05

续表

银行	统计年份	成立年份	银行性质	Assets (mil CNY)	Equity (mil CNY)	DEPOSIT (mil CNY)	人均 GDP 增长率(%)
Weihai City Commercial Bank Co., Ltd	2007	1997	3	21276	1431	16590	13.57
Weihai City Commercial Bank Co., Ltd	2008	1997	3	27378	1466	20752	9.07
Weihai City Commercial Bank Co., Ltd	2009	1997	3	41039	2240	30332	8.56
Wing Hang Bank (China) Ltd	2008	2007	5	11561	1838	4767	9.07
Wing Hang Bank (China) Ltd	2009	2007	5	12975	1782	7147	8.56
Wing Hang Bank (China) Ltd	2007	2007	5	10419	1307	2833	13.57
Woori Bank (China) Ltd	2008	2007	5	1665	340	845	9.07
Woori Bank (China) Ltd	2009	2007	5	1484	347	1018	8.56
Woori Bank (China) Ltd	2010	2007	5	1951	371	1565	17.28
Woori Bank (China) Ltd	2007	2007	5	1459	319	595	13.57
Wuhan Rural Commercial Bank	2008	2008	4	42009	876	29279	9.07
Wuhan Rural Commercial Bank	2009	2008	4	54558	4129	37882	8.56
Wuhan Rural Commercial Bank	2010	2008	4	70745	4628	50244	17.28
Wuhan Rural Commercial Bank	2011	2008	4	88674	5939	77865	17.21
Wuhan Rural Commercial Bank	2012	2008	4	112503	7284	95170	9.02
Wuxi City Commercial Bank	1999	1996	3	9880	548	7813	6.69
Wuxi City Commercial Bank	2000	1996	3	11640	574	9354	7.58
Wuxi City Commercial Bank	2001	1996	3	14197	595	12134	7.52
Wuxi City Commercial Bank	2002	1996	3	19219	632	16322	8.35
Wuxi City Commercial Bank	2003	1996	3	24832	670	21972	9.43
Wuxi City Commercial Bank	2004	1996	3	29061	960	26447	9.43
Wuxi City Commercial Bank	2005	1996	3	36211	1017	32495	10.66
Xiamen Bank	2008	1996	3	17	1	15	9.07
Xiamen Bank	2009	1996	3	28	1	20	8.56
Xiamen Bank	2010	1996	3	53	2	41	17.28
Xi'an City Commercial Bank	2000	1997	3	12255	522	11257	7.58
Xi'an City Commercial Bank	2001	1997	3	16198	580	14172	7.52
Xi'an City Commercial Bank	2002	1997	3	22514	663	16678	8.35
Xi'an City Commercial Bank	2003	1997	3	25306	1211	20120	9.43

续表

银行	统计年份	成立年份	银行性质	Assets（mil CNY）	Equity（mil CNY）	DEPOSIT（mil CNY）	人均 GDP 增长率(%)
Xián City Commercial Bank	2004	1997	3	25266	1338	23610	9.43
Xián City Commercial Bank	2005	1997	3	30653	1422	26961	10.66
Xián City Commercial Bank	2006	1997	3	38342	2003	30902	12.05
Xián City Commercial Bank	2007	1997	3	41060	1925	33191	13.57
Xián City Commercial Bank	2008	1997	3	51665	1831	39914	9.07
Xián City Commercial Bank	2009	1997	3	102353	5245	76434	8.56
Xián City Commercial Bank	2010	1997	3	51665	1831	39690	17.28
Xián City Commercial Bank	2011	1997	3	62647	3867	51379	17.21
Xiaogan City Commercial Bank Co.,Ltd	2006	1999	3	1754	170	1403	12.05
Xiaogan City Commercial Bank Co.,Ltd	2007	1999	3	2176	181	1708	13.57
Xinyang City Commercial Bank Co.,Ltd	2008	2008	3	3975	219	3632	9.07
Xinyang City Commercial Bank Co.,Ltd	2009	2008	3	5016	307	4564	8.56
Xuchang City Commercial Bank Co.,Ltd	2006	1999	3	5090	209	3796	12.05
Xuchang City Commercial Bank Co.,Ltd	2007	1999	3	5393	249	3862	13.57
Yangzhou City Commercial Bank Ltd	2003	2000	3	5370	235	4141	9.43
Yangzhou City Commercial Bank Ltd	2004	2000	3	6355	240	4849	9.43
Yangzhou City Commercial Bank Ltd	2005	2000	3	7589	255	6431	10.66
Yangzhou City Commercial Bank Ltd	2002	2000	3	3824	230	3103	8.35
Yingkou City Commercial Bank	2005	1997	3	7199	363	6016	10.66
Yingkou City Commercial Bank	2006	1997	3	9980	630	8284	12.05
Yingkou City Commercial Bank	2007	1997	3	13230	791	11250	13.57
Zhanjiang City Commercial Bank Co.,Ltd	2006	1997	3	7920	267	7518	12.05
Zhanjiang City Commercial Bank Co.,Ltd	2007	1997	3	11391	573	10412	13.57
Zhejiang Chouzhou Commercial Bank	2006	2006	3	7518	519	6891	12.05

续表

银行	统计年份	成立年份	银行性质	Assets（mil CNY）	Equity（mil CNY）	DEPOSIT（mil CNY）	人均GDP增长率（%）
Zhejiang Chouzhou Commercial Bank	2007	2006	3	11211	837	10207	13.57
Zhejiang Chouzhou Commercial Bank	2008	2006	3	18789	1045	16545	9.07
Zhejiang Chouzhou Commercial Bank	2009	2006	3	32502	2152	29221	8.56
Zhejiang Mintai Commercial Bank	2006	2002	3	5681	332	4801	12.05
Zhejiang Mintai Commercial Bank	2007	2002	3	10139	732	8768	13.57
Zhejiang Tailong Commercial Bank Co.,Ltd	2006	2006	3	8278	479	7699	12.05
Zhejiang Tailong Commercial Bank Co.,Ltd	2007	2006	3	11897	590	10910	13.57
Zhejiang Tailong Commercial Bank Co.,Ltd	2008	2006	3	18096	845	16655	9.07
Zhejiang Tailong Commercial Bank Co.,Ltd	2009	2006	3	26249	1629	23442	8.56
Zhejiang Tailong Commercial Bank Co.,Ltd	2010	2006	3	36723	2382	33431	17.28
Zhejiang Xiaoshan Rural Cooperative Bank	2005	2004	4	25617	1507	12577	10.66
Zhejiang Xiaoshan Rural Cooperative Bank	2006	2004	4	30580	1721	15351	12.05
Zhuhai City Commercial Bank	2007	1996	3	8013	514	7483	13.57
Zhuhai City Commercial Bank	2008	1996	3	10474	621	8515	9.07
Zhuhai City Commercial Bank	2009	1996	3	11917	1381	9742	8.56
Zhuhai City Commercial Bank	2010	1996	3	16560	1473	14414	17.28
Zhuhai City Commercial Bank	2011	1996	3	46331	6831	26917	17.21
Zhuhai City Commercial Bank	2012	1996	3	102998	7374	50706	9.02

注:银行性质:1.大型商业银行;2.股份制商业银行;3.城市商业银行;4.农商行,农合行,邮储银行;5.外资银行。

数据来源:全球银行与金融机构分析库,银行各年年报。

附表 4 外资银行进入时机生存模型原始数据附表

外资银行	Asset Ranking	营业机构成立日期	Time	ASIA	Enter	UCT	PLC	GDPR (%)
法国东方汇理银行	5	1985	8	0	1	无	0	13.5
渣打银行	85	1985	8	0	1	无	0	13.5
大华银行有限公司	188	1985	8	1	1	无	0	13.5
巴黎国民银行	20	1986	9	0	1	无	0	8.8
东京三菱银行	17	1986	9	1	1	无	0	8.8
香港上海汇丰银行有限公司	26	1986	9	0	1	无	0	8.8
日本瑞穗实业银行	4	1987	10	1	1	无	0	11.5
东亚银行	598	1987	10	1	1	无	0	11.5
花旗银行	3	1988	11	0	1	无	0	11.3
法国里昂信贷银行	22	1989	12	0	1	无	0	4.2
美国银行	30	1991	14	0	1	4.79	0	9.1
华侨银行	175	1991	14	1	1	4.79	0	9.1
山口银行	184	1992	15	1	1	30.08	0	14.1
住友银行	40	1992	15	1	1	30.08	0	14.1
盘谷银行	172	1992	15	1	1	30.08	0	14.1
廖创兴银行	780	1992	15	1	1	30.08	0	14.1
澳大利亚和新西兰银行集团有限公司	98	1993	16	0	1	192	1	13.7
大通银行	53	1993	16	0	1	192	1	13.7
德累斯登银行	40	1993	16	0	1	192	1	13.7
法国兴业银行	27	1993	16	0	1	192	1	13.7
荷兰银行	15	1993	16	0	1	192	1	13.7
葡国储蓄信贷银行	679	1993	16	0	1	192	1	13.7
韩国外换银行	169	1993	16	1	1	192	1	13.7
宁波国际银行	744	1993	16	1	1	192	1	13.7
道亨银行	866	1993	16	1	1	192	1	13.7
永亨银行	485	1993	16	1	1	192	1	13.7
丰业银行	68	1994	17	0	1	51	1	13.1
蒙特利尔银行	65	1994	17	0	1	51	1	13.1
德国商业银行	60	1994	17	0	1	51	1	13.1
德意志银行	14	1994	17	0	1	51	1	13.1

外资银行	Asset Ranking	营业机构成立日期	Time	ASIA	Enter	UCT	PLC	GDPR（%）
荷兰商业银行	15	1994	17	0	1	51	1	13.1
瑞士信贷第一波士顿银行	26	1994	17	0	1	51	1	13.1
韩国朝兴银行	164	1994	17	1	1	51	1	13.1
新韩银行	165	1994	17	1	1	51	1	13.1
新加坡星展银行	105	1994	17	1	1	51	1	13.1
意大利罗马银行	63	1995	18	0	1	33	0	10.9
韩国产业银行	120	1995	18	1	1	33	0	10.9
友利银行	118	1995	18	1	1	33	0	10.9
比利时联合银行	110	1996	19	0	1	20	0	10
美一银行	40	1996	19	0	1	20	0	10
泰华农民银行（大众）有限公司	121	1996	19	1	1	20	0	10
泰京银行	209	1996	19	1	1	20	0	10
意大利联合商业银行	68	1997	20	0	1	103	0	9.3
韩国中小企业银行	339	1997	20	1	1	103	0	9.3
比利时富通银行	93	1998	21	0	1	21	0	7.8
巴伐利亚州银行	59	1998	21	0	1	21	0	7.8
西德意志州银行	42	1998	21	0	1	21	0	7.8
法国外贸银行	125	1998	21	0	1	21	0	7.8
荷兰合作银行（中国）有限公司	18	1998	21	0	1	21	0	7.8
韩亚银行	208	2000	23	1	1	121	0	8.4
马来西亚马来亚银行	147	2000	23	1	1	121	0	8.4
菲律宾首都银行及信托公司上海分行	357	2001	24	1	1	63	0	8.3
法国巴黎银行（中国）有限公司	10	2003	26	0	1	52	0	9.1
意大利圣保罗意米银行股份有限公司	48	2003	26	0	1	52	0	9.1
英国苏格兰皇家银行公众有限公司	7	2003	26	0	1	52	0	9.1
德国北德意志银行	81	2004	27	0	1	55.6	0	10.1
瑞士银行	18	2004	27	0	1	55.6	0	10.1
大新银行	481	2004	27	1	1	55.6	0	10.1
上海商业银行有限公司	311	2004	27	1	1	55.6	0	10.1
永隆银行有限公司	403	2004	27	1	1	55.6	0	10.1

续表

外资银行	Asset Ranking	营业机构成立日期	Time	ASIA	Enter	UCT	PLC	GDPR（%）
中信嘉华有限公司更名为中信银行国际有限公司	504	2004	27	1	1	55.6	0	10.1
英国巴克莱银行	13	2005	28	0	1	35.9	0	11.3
印度国家银行	93	2005	28	1	1	35.9	0	11.3
瑞典北欧斯安银行有限公司	86	2005	28	0	1	35.9	0	11.3
瑞典商业银行公共有限公司	79	2005	28	0	1	35.9	0	11.3
加拿大皇家银行有限公司	37	2006	29	0	1	32.1	0	12.2
德国北方银行股份有限公司	71	2006	29	0	1	32.1	0	12.2
印度银行	432	2006	29	1	1	32.1	0	12.2
挪威银行公共有限公司	76	2006	29	0	1	32.1	0	12.2
韩国国民银行股份有限公司广州分行	62	2007	30	1	1	118	0	14.2
印度巴鲁达银行广州分行	258	2008	31	1	1	509	0	9.6
俄罗斯外贸银行	116	2008	31	0	1	509	0	9.6

说明:Asset Ranking 指的是外资银行在中国首次建立营业性机构当年在世界银行中按照资产规模的排名。营业机构成立日期指的是外资银行在中国首次建立营业性机构的时间。Time 指的是从 1978 年算起,到该外资银行首次建立营业性机构所经历的时间。ASIA 代表是否为亚洲国家,若是,则取 1,否则取 0。Enter 表示是否进入(是否建立营业性机构),若进入则取 1,否则为 0。UCT 代表不确定性。PLC 代表 Policy 虚拟变量。GDPR 代表进入当年 GDP 的增长率。

资料来源:杂志《银行家》每年的第七期"世界 1000 家银行排名"。(早期杂志为《TOP 500 WORLD BANKS》)

参考文献

[1] Aliber R. , "International Banking: a Survey", *Jounal of Money, Credit and Banking*, No. 11 , 1984.

[2] Allen N. Berger, Astrid A. Dick, "Entry into Banking Markets and the Early – mover Advantage", *Journal of Money, Credit and Banking*, Vol. 39 , No. 4 , June 2007.

[3] Andrea Gamba, "Real Options Valuation: A Monte Carlo Approach", *University of Calgary Working Paper Series*, No. 3 , 2002.

[4] Black Fischer, Myron Scholes, "The Pricing of Options and Corporate Liabil- ities", *Journal of Political Economy*, No. 81 , 1973.

[5] Boyle P. P. , " Option: A Monte Carlo approach", *Journal of Financial Econom- ics*, No. 4 , 1977.

[6] Brealey R. A. , E. C. Kaplanis, "The Determination of Foreign Banking Loca- tion", *Journal of International Money and Finance*, Vol. 15, No. 4, 1996, pp. 577 – 597.

[7] Brennan, Schwartz E. , "Evaluating Natural Resource Investment", *Journal of Business*, Vol. 28 , No. 2 , April 1985.

[8] Bruce Kogut, "Joint Ventures and the Option to Expand and Acquire", *Man- agement Science*, Vol. 37 , No. 1 , 1991 , pp. 19 – 33.

[9] Buch C. M. , "Why do Banks Go Abroad: Evidence from German Data", *Finan- cial Markets, Institutions and Instruments*, Vol. 9 , No. 1 , 2000 , pp. 33 – 67.

[10] Buckley, P. Casson M. , "Models of the Multinational Enterprise", *Journal of International Business Studies*, Vol. 29 , No. 1 , 1998.

[11] Calem P. S. , L. J. Mester, "Consumer Behavior and the Stickiness of Credit – Card Interest Rates", *American Economic Review*, Vol. 85 , No. 5 , 1995.

[12] Carlo Altomonte, "FDI in the CEEC's and the Theory of Real Options: an Empirical Assessment", *LICOS Discussion Paper*, No. 76, 1998.

[13] Cassimon D., Engelen P. J., Yordanov V., "Compound Real Option Valuation with Phase-specific Volatility: a Multi-phase Mobile Payments Case Study", *Technovation*, Vol. 31, 2011, pp. 240 – 255.

[14] Chang, Sea Jin, "International Expansion Strategy of Japanese Firms: Capability Building through Sequential", *Academy of Management Journal*, Vol. 38, No. 2, 1995, pp. 383 – 407.

[15] Claessens, S. Demirguc – Kunt, Huizinga, "How does Foreign Entry Affect Domestic Banking Markets?", *Journal of Banking and Finance*, Vol. 25, No. 5, May 2001, pp. 891 – 911.

[16] Cottrel, Thomas J. and Gordon A. Sick, "Real Options and Follower Strategies: The Loss of Real Option Value to First – mover Advantage", *The Engineering Economist*, Vol. 47, No. 3, 2002.

[17] Demirguc – Kunt, Asli, Enria Detragiache, Enrica, "Financial Liberalization and Financial Fragility", *World Bank Policy Research Working Paper*, No. 1917, 1998.

[18] Dixit, Pindyck, *Investment under Uncertainty*, New Jersey: Princeton University Press, 1994, pp. 175 – 211, 309 – 313.

[19] Douglas W. Diamond, "Financial Intermediation and Delegated Monitoring", *The Review of Economic Studies*, Vol. 51, No. 3, 1984, pp. 393 – 414.

[20] Eero Knuutila 著, 郭立锦, 朱孝忠译: 《先动优势: 何种情况下它最有效?》(http://www. tuta. hut. fi/studies/Courses _ and _ schedules ~ lsib/TU. 91. 167)。

[21] Ekern S., "An Option Pricing Approach to Evaluation Petroleum Projects", *Energy Economics*, Vol. 10, No. 2, 1985, pp. 91 – 99.

[22] Episcopos A., "Evidence on the Relationship between Uncertainty and Irreversible Investment", *Quarterly Review of Economics and Finance*, Vol. 35, No. 1, 1995, pp. 41 – 52.

[23] Folta T. B., Miller K. D., "Real Options in Equity Partnerships", *Strategic Management Journal*, Vol. 23, No. 1, 2002, pp. 77 – 88.

[24] Franklin Allen, Anthony M. Santomero, "The Theory of Financial Intermedia-

tion", *Journal of Banking & Finance*, Vol. 21. No. 11 – 12, Dec. 1977, pp. 1461 – 1485.

[25] Fudenberg D. , Tirole J. , "Preemption and Rentequalization in the Adoption of New Technology", *Review of Economic Studies*, Vol. 52, 1985, pp. 383 – 401.

[26] George J. Benston, Clifford W. Smith, "A Transactions Cost Approach to the Theory of Financial Intermediation", *Journal of Finance*, Vol. 31, No. 2, May 1976, pp. 215 – 231.

[27] Goldberg, White, "De Novo Banks and Lending to Small Businesses", *Journal of Banking and Finance*, Vol. 22, 1998.

[28] Grenadier S. R. , "Option Exercise Games: An Application to the Equilibrium Investment Strategies of Firms", *The Review of Financial Studies*, Vol. 15, No. 3, 2002, pp. 691 – 721.

[29] Grubel H. G. , "A Theory of Multinational Banking", *Banca Nazionale del Lavoro Quarterly Review*, Vol. 30, 1977.

[30] Gunnar, Dag B. T. Jostheim, "Optimal Investments Using Empirical Dynamic Programming with Application to Natural Resources", *Journal of Business*, Vol. 62, No. 1, Jan. 1989.

[31] Gurley John G. , Shaw Edward S. , "Financial Intermediaries and the Saving – Investment Process", *Journal of Finance*, Vol. 11, No. 1, May 1956, pp. 257 – 276.

[32] Hayes R. H. , Abernathy W. J. , "Managing Our Way to Economic Decline", *Harvard Business Review*, No. 3, 1980.

[33] Hayne E. Leland, David H. Pyle, "Informational Asymmetries, Financial Structure and Financial Intermediation", *Journal of Finance*, Vol. 32, No. 2, 1977, pp. 371 – 383.

[34] Helen Weeds, "Strategic Delay in a Real Options Model of R & D Competition", *Review of Economic Studiees*, Vol. 69, No. 3, 2002, pp. 729 – 747.

[35] Jacoby, Henry D. , David G. Laughton, "Project Evaluation: A Practical Asset Pricing Method", *The Energy Journal*, Vol. 13, 1992.

[36] Jan Hendrik Fisch, "Internalization and Internationalization under Competing Real Options", *Journal of International Management*, Vol. 14, No. 2, June 2008, pp. 108 – 123.

[37] J. Thijssen, K. Huisman, P. Kort, "Symmetric Equilibrium Strategies in Game Theoretic Real Option Models", *Journal of Mathematical Economics*, Vol. 48, No. 4, 2012, pp. 219 – 225.

[38] Josep Garcia Blandon, "The Timing of Foreign Direct Investment under Uncertainty: Evidence from the Spanish Banking Sector", *Journal of Economic Behavior & Organization*, Vol. 45, No. 2, June 2001, pp. 213 – 224.

[39] Kalyanaram, G, W. Robinson and G. Urban, "Dynamic Effects of the Order of Market Entry on Market Share, Trial Penetration and Repeat Purchases for Frequently Purchased Consumer Goods", *Marketing Science*, Vol. 11, No. 3, Summer 1992, pp. 235 – 250.

[40] Kamal Saggi, "Optimal Timing of Foreign Direct Investment under Uncertainty," *Journal of Transnational Management Development*, Vol. 3, No. 2, 1998.

[41] Kerin R. G. D. Howard, "Product Hierarchy and Brand Strategy Influences on the Order of Entry Effect for Consumer Packaged Goods", *Journal of Product Innovation Management*, Vol. 13, No. 1, 1996.

[42] Kim M., D. Kliger and B. Vale, "Estimating Switching Costs: The Case of Banking", *Journal of Financial Intermediation*, Vol. 12, No. 1, 2003, pp. 25 – 56.

[43] Kindleberge, Charles P., "International Banks as Leaders of Followers of International Business: A Historical Perspective", *Journal of Banking and Finance*, Vol. 7, No. 4, 1983.

[44] Kiser E., "Household Switching Behavior at Depository Institutions: Evidence from Survey Data", *Antitrust Bulletin*, Winter 2002.

[45] Kort P. M., Murto P., Pawlina G., "Uncertainty and Stepwise Investment", *European Journal of Operational Research*, Vol. 202, No. 1, April 2010, pp. 196 – 203.

[46] Larni T. Bulan, "Real Options, Irreversible Investment and Firm Uncertainty: New Evidence from U. S. Firms", *Review of Financial Economics*, Vol. 14, No. 3 – 4, 2005, pp. 255 – 279.

[47] Lenos T., "Real Options and Interactions with Financial Flexibility", *Financial Management*, Vol. 22, No. 2, Autumn 1993.

[48] Lenos Trigeorgis, "Strategic Investment under Uncertainty: A Synthesis".

(www. realoptions. org,2010)

[49] Levine Ross, "Foreign Banks, Financial Development and Economic Growth", *Journal of Economic Literature*, Vol. 35, No. 2, Jan. 1996.

[50] Lieberman. M. B. , D. B. Montgomery, "First – mover(Dis) Advantages: Retrospective and Link with the Resource-based View", *Strategic Management Journal*, Vol. 19, 1998.

[51] Lieberman M. B. , D. B. Montgomery, "First – mover Advantages", *Strategic Management Journal*, Vol. 9, No. S1, 1988, pp. 41 – 58.

[52] Lucio Fuentelsaz, Jaime Gomes, Yolanda Polo, "Follower's Entry Timing: Evidence from the Spanish Banking Sector after Deregulation", *Strategic Management Journal*, Vol. 23, No. 3, 2002, pp. 245 – 264.

[53] Luehrman, Timothy A. , "Investment Opportunities as Real Options: Getting Started on the Numbers", *Harward Business Review*, Vol. 76, No. 4, 1998.

[54] M. Brennan, L. Trigeorgis, Project Flexibility, Agency and Competition, Oxford: Oxford University Press, 2000.

[55] Macdonald, Robert, Daniel Siegel, " The Value of Waiting to Investment", *Quarterly Journal of Economics*, Nov. 1986.

[56] Manigart S. , Wright M. , "Venture Capitalists' Appraisal of Investment Projects: All Empirical European Study", *Entrepreneurship Theory & Practice*, Vol. 26, No. 2, 1997.

[57] Martha Amram & Nalin Kulatilaka. *Real Options: Managing Strategic Investments in an Uncertain World*, Boston: Harvard Business School Press, 1999.

[58] McDonald, "Real Options and Rules of Thumb in Capital Budgeting". (http://www. kellogg. northwestern. edu/faculty/mcdonald/htm/realopt. pdf)

[59] Mohamed Azzim Gulamhussen, "A Theoretical Perspective on the Location of Banking FDI", *Management International Review*, No. 3, 2009.

[60] Myers C. S. "Determinants of Corporate Borrowing", *Journal of Financial Economics*, No. 5, 1977.

[61] Naoya Takezawa, Katsushige Sawaki, Marc Bremer, "Foreign Direct Investment, Real Options and Expropriation under Incomplete Information: Theory and Example", *Journal of Real Options and Strategy*, No. 3, 2010.

[62] Nishihara M., Fukushima, M., "Evaluation of Firm's Loss Due to Incomplete Information in Real Investment Decision", *European Journal of Operational Research*, Vol. 188, No. 2, 2008.

[63] P. Tufano, "Financial Innovation and First – mover Advantages", *Journal of Financial Economics*, No. 2, 1989.

[64] P. Carr, "The Valuation of Sequential Exchange Opportunities", *The Journal of Finance*, Vol. 43, No. 5, 1988.

[65] Paddock, D. R. Siegel, J. L. Smith, "Option Valuation of Claim on Real Asset: The Case of Offshore Petroleum Lease", *Quarterly Journal of Economics*, Aug. 1988.

[66] Pietra Rivoli, Engene Salorio, "Foreign Direct Investment and Investment under Uncertainty", *Journal of International Business Studie*, Vol. 27, No. 2, 1996.

[67] Pindyck R. S., "Capital Risk and Models of Investment Behaviour", *Sloan School of Management Working Paper*, 1986.

[68] Raffaele Oriani, Maurizio Sobrero, "Uncertainty and the Market Valuation of R & D within a Real Options Logic", *Strategic Management Journal*, Vol. 29, No. 4, 2008.

[69] R. D. van Zee, S. Spinler, "Real Option Valuation of Public Sector R & D Investments with a Down-and-out Barrier Option" (http://dx. doi. org/10. 1016/j. technovation. 2013. 06. 005)

[70] Reuter W. H., Fuss S., Szolgayova J., Obersteiner, M., "Investment in Wind Power and Pumped Storage in a Real Options Model", *Renewable and Sustainable Energy Reviews*, Vol. 16, 2012, pp. 2242 – 2248.

[71] Robinson. W. T., Sungwook Min, "Is the First to Market the First to Fail?", *Journal of Marketing Research*, Vol. 39, No. 1, 2002.

[72] Robinson W. T., G. Kalyanaram, G. Urban, "First-mover Advantages from Pioneering New Markets: A Survey of Empirical Evidence", *Review of Industrial Organization*, No. 9, 1994.

[73] Rugman A., Li, *Real Options and International Investment*, Cheltenham: Edward Elgar, 2005.

[74] Simon Benninga, "Real Options: An Introduction and an Application to R & D

Valuation",*The Engineering Economist*,No. 2,2002.

[75]Smets F. ,"Exporting versus Foreign Direct Investment：The Effect of Uncertainty,Irreversibilities and Strategic Interaction",PHD Paper,Yale University,1991.

[76]Stango V. ,"Pricing with Consumer Switching Costs：Evidence from the Credit Card Market",*Journal of Industrial Economics*,Vol. 50,No. 4,2002.

[77]Steg J. H. ,"Irreversible Investment in Oligopoly",*Finance and Stochastics*,Vol. 16,2012,pp. 207 – 224.

[78]Terry Ursacki,Ilan Vertinsky,"Choice of Entry Timing and Scale by Foreign Banks in Japan and Korea",*Journal of Banking & Finance*,No. 4,1992.

[79]Tomas Forsfalt. "Taxation of Small Firms under Uncertainty",*Series Research Papers in Economics from Stockholm University*, 1999.

[80]Trigeorgis L. ,*Real Options：Managerial Flexibility and Strategy in Resource Allocation*. MIT Press,1996.

[81]Tufano P. ,"Financial Innovation and First-mover Advantages",*Journal of Financial Economics*,Vol. 25,No. 2,1989.

[82]W. Boulding,M. Christen,"First – mover Disadvantage",*Harvard Business Review*,2001.

[83]Yamori N. ,"A Note on the Location Choice of Multinational Banks：The Case of Japanese Financial Instituions",*Journal of Banking and Finance*,Vol. 22,No. 1,1998.

[84]Yao-Wen Hsu,"Staging of Venture Capital Investment：A Real Options Analysis",*Small Business Economics*,No. 3,2010.

[85]安瑛晖：《期权博弈理论的方法模型分析与发展》，《管理科学学报》2001 年第 2 期。

[86][美]博迪、默顿：《金融学》，尹志宏译，中国人民大学出版社 2000 年版，第 37 页。

[87]曹永峰：《实物期权理论及其在对外直接投资中的运用》，《浙江金融》2008 年第 11 期。

[88]陈梅、茅宁：《基于期权博弈的企业性质分析》，《经济管理》2004 年第 18 期。

[89]丁淑娟：《基于实物期权视角的中国外商投资演变》，《山东社会科

学》2011 年第 2 期。

[90] 丁淑娟:《实物期权方法对净现值法则的修正》,《济南金融》2007 年第 11 期。

[91] 丁淑娟:《实物期权及其在对外直接投资中的应用》, 硕士学位论文, 山东大学, 2005 年, 第 18—26 页。

[92] 段世霞、扈文秀:《基于期权博弈的企业兼并时机研究》,《运筹与管理》2010 年第 6 期。

[93] 冯邦彦、徐枫:《实物期权理论及应用评价》,《经济学动态》2003 年第 10 期。

[94] 耿锁奎:《实物期权在运动员人力资本投资中的应用》,《上海体育学院学报》2010 年第 1 期。

[95] 宫雨虹:《外资银行进入我国农村金融市场的原因浅析》,《山东农业大学学报 (社会科学版)》2009 年第 3 期。

[96] 桂志强、王安宇:《R&D 投资的实物期权方法综述》,《科学与科学技术管理》2006 年第 11 期。

[97] 何德旭、王朝阳:《外资银行进入的动机、形式及其影响述评》,《当代财经》2007 年第 1 期。

[98] 何德忠、孟卫东:《不确定性对 R&D 投资影响的实物期权分析》,《科技管理研究》2008 年第 8 期。

[99] 黄学军、吴冲锋:《竞争作用不对称下技术创新投资的期权博弈分析》,《系统工程》2005 年第 11 期。

[100] [美] 劳伦斯汉·密尔顿:《应用 STATA 做统计分析》, 郭志刚等译, 重庆大学出版社 2008 年版, 第 250—264 页。

[101] 雷星晖、李来俊:《竞争环境下基于期权博弈的 R&D 投资决策研究》,《管理科学》2004 年第 2 期。

[102] 李珏、杨青:《不对称信息条件下的风险投资实物期权评价》,《系统工程》2008 年第 4 期。

[103] 美国波士顿咨询公司:《中国半数家庭 2020 年将步入中产阶级》 (http://world. people. com. cn/GB/13164284. html)。

[104] 苗启虎、王海鹏:《外资银行在华投资动因的实证研究》,《上海金融》2004 年第 8 期。

[105] 曲国明:《我国企业海外撤资的实物期权分析》,《四川理工学院学

报（社会科学版）》2012 年第 5 期。

[106] 中国税网解答：《农村金融机构可享哪些税收优惠》（http://www. shfinancialnews. com/xww/2009jrb/node5019/node5051/node5062/userobject1ai80062.html）。

[107] 赵缜言：《四家外资法人银行率先开办人民币业务》（http://www.pdi. org. cn/cn/news/show. do？ id = PANW0000103）。

[108] 施卓敏：《论寡头企业的先动优势与后动优势》，《学术研究》2005年第 3 期。

[109] 唐波、张宇莹、陈德棉：《投资决策理论新发展－实物期权理论研究综述》，《财贸研究》2006 年第 6 期。

[110] 王华庆：《中国银监会纪委书记王华庆在中国银行业服务改进情况发布会上的致辞》，（http://www. china－cba. net/bencandy. php?fid = 203&id = 7091）。

[111] 王涛、张金锁、邹邵辉等：《实物期权的煤炭资源勘查投资项目评估模型》，《西安科技大学学报》2012 年第 1 期。

[112] 王先菊：《外资银行进军中国农村市场对内资银行的启示》，《商业现代化》2010 年第 12 期。

[113] 吴琦：《基于二叉树模型的风险投资项目价值评估》，《统计与决策》2013 年第 8 期。

[114] 徐尚友、张一帆：《实物期权与创业企业价值评估》，《技术经济与管理研究》2002 年第 4 期。

[115] 银监会：《银监会 2010 年报》，（http://www. cbrc. gov. cn/chinese/home/docView/20110329105207FCE245635EFF756F4AAAAA8900. html）。

[116] ［美］约翰·赫尔：《期权、期货与衍生证券》，张陶伟译，华夏出版社 1997 年版，第 5—7 页。

[117] 曾明：《政府政策不确定性产生的原因及对策》，《中国市场》2005年第 48 期。

[118] 张红军、杨朝军：《外资银行进入中国市场的区位选择及动因研究》，《金融研究》2007 年第 9 期。

[119] 张红军、郑忠良等：《外资银行进入中国市场影响因素研究——基于多期面板数据分析》，《财贸经济》2011 年第 12 期。

[120] 张红军:《外资银行进入与监管研究》,博士学位论文,上海交通大学,2008 年,第 51—52 页。

[121] 张树义、张树德:《论企业竞争中的先动优势、风险态度和预期收益》,《郑州大学学报(工学版)》2003 年第 4 期。

[122] 张子刚、卢丽娟:《期权定价理论在风险投资决策中的应用》,《华中科技大学学报(自然科学版)》2002 年第 4 期。

[123] 张宗成、戚道安:《创业投资定价模型的推导》,《华中科技大学学报(自然科学版)》2002 年第 7 期。

[124] 中国人民银行:《二〇一〇国际金融市场报告》(http://finance. sina. com. cn/china/jrxw/20110325/17189595224. shtml)。

[125] 中国银监会负责人:《"中华人民共和国外资银行管理条例实施细则"答记者问》(http://pub - edu. cbrc. gov. cn/cbrcweb/chinese/home/jsp/docView. jsp? docID = 2877)。

[126] 朱磊等:《基于实物期权理论的矿产资源最优投资策略模型》,《中国管理科学》2009 年第 2 期。

[127] 庄起善、吴玮丽:《为什么中东欧国家是全球金融危机的重灾区?》,《国际经济评论》2010 年第 2 期。

[128] 普华永道:《2050 年的银行业》(http://www. pwccn. com/home/chi/banking2050_may2011_chi. html)。

[129] 王维安:《在华外资银行人民币业务探析》,《上海金融》2005 年 9 月。

[130] 吴建祖、宣慧玉:《不确定条件下企业最优 R&D 投资时机研究》,《商业研究》2006 年 6 月。

[131] 张学超、宣国良:《FDI 的模式选择和时机决策研究》,《哈尔滨商业大学学报》2006 年 6 月。

[132] 吴崇、胡汉辉、马鸿杰:《基于实物期权方法的 FDI 时机问题研究》,《国际经贸探索》2007 年 4 月。

[133] 方智勇:《中资银行与外资银行的竞争优势分析》,《科技月刊》2007 年 7 月。

[134] 证券日报:《外资入股中资银行全景回放》(http://mnc. people. com. cn/BIG5/8647603. html)。

[135] 李松青:《矿业权价值评估 DCF 法与实物期权法比较研究》,《矿业

研究与开发》2009 年 3 月。

[136] 银监会:《"新型农村金融机构 2009—2011 年工作安排"答记者问》
（http://www.gov.cn/gzdt/2009 – 07/29/content_1378641.htm）。

[137] 埃森哲:《中国农村金融市场:外资银行的 "新天地"》（http://
www.ceh.com.cn/ceh/llpd/2011/12/27/96521.shtml）。

[138] 刘诗平:《盈利持续增长,在华外资银行中资客户过半》（http://
www.chinanews.com/fortune/2011/12 – 23/3553812.shtml）。

[139] 王兆星:《中国银行业对外开放的演进》（http://www.cnfinance.cn/
magzi/2010 – 10/27 – 10859_2.htm）。